ヤマケイ文庫

ドキュメント 雪崩遭難

Mikio Abe
阿部幹雄

Yamakei Library

ドキュメント　雪崩遭難

目次

写真提供
尻別岳　廣瀬秀一、塚原聡
岩木山　秋田幸宏
源太ヶ岳　及川安、新田郁二、岩手県消防防災航空隊
唐松岳八方尾根　池田慎二
剱岳早月尾根　永井敏明、富山県警山岳警備隊
蒲田川左俣　山本修二
笹ヶ峰　水木美恵子、杉本勝彦

図版（二四五、三〇三ページ）中尾雄吉
地図製作・ＤＴＰ　株式会社千秋社

北海道・尻別岳　二〇〇一年二月六日

エキスパート・スノーボーダー

ニュージーランドでフライフィッシングとスノーボードに明け暮れた一年間の生活を終えて札幌に帰ってきた塚原聡（三十二歳）は、登山と山スキーを専門とするガイド会社ノマドに就職した。ガイドのボスである宮下岳夫（四十九歳）は、大学の山岳部員からスキーインストラクター、国際山岳ガイドになった登山家で、八〇〇〇メートル峰をはじめとする高所登山経験も豊富だし積極的に海外へガイド研修を受けに出かけ、安全に客をガイドするプロとしての腕を磨いている。塚原はその宮下のもとで五年、夏はフライフィッシングとカヌー、冬はスノーボードのバックカントリーのガイドとして経験を積んできた。

スノーボードのバックカントリーで一番危険なことと言えば雪崩だ。本を読んで雪崩の知識を身につけるのはもちろんだが、宮下とともに山に行き、彼から雪崩を学ぶことが中心だった。宮下はよく自分の経験を話して雪崩のことを教えてくれるし、国際山岳ガイド連盟の研修で学んできた雪の観察方法や弱層テストのやり方を教えてくれた。しかし最も重要なことは、「雪崩に遭わないためのルートの選択、雪崩の総合的な危険判断」だと宮下は教えた。客を連れてバックカントリーへ行けば、雪の見方に始まり雪崩ビーコンでの捜索練習、弱層テストのやり方、埋没者の掘り出し方といった雪崩の基礎知識を教えなければならない。客に教えながら自分も雪崩のことを学び、経験を積んでいく。塚原は手袋で雪を握って感覚的にチェックするだけで、ルーペを使って雪の結晶を見て科学的に分析したりはしない。たとえそうであっても雪崩の知識は積み重ねられ、「総合的に雪崩の危険を判断する能力」は身についてきていると信じていた。

客をガイドするとき最優先されるのは安全だ。「安全」の基準をいっそう厳しくして、「絶対に安全」という行動しかとらない。それでも客は充分にバックカントリーでのライディングを楽しんでくれるが、塚原としてはストレスが溜ってくるのだ。ときにはスノーボーダーとしてオープンな大斜面を自由にのびのびと滑り、パウダースノーを満喫して楽しみたい。休日になると気心が知れ、滑りが達者な友人たちとバックカントリーへ遊びに行くのだが、そんなときはツアーで行かないような凄い斜面、安全と危険のぎりぎりの境界まで踏み込むような斜面でパウダーを楽しむことになる。ミスさえ犯さなければ、「危険」の領域に踏み込むことはないだろうと塚原は思っていた。

塚原は、いつもあちこちへ滑りに出かけているニセコ在住のスノーボーダー北島幸雄（二十九歳）とカメラマンの廣瀬秀一（三十歳）を尻別岳へ誘った。さらに尻別岳を滑ったことがある土橋一範（二十三歳）も誘った。土橋はアメリカの大学に留学中で、一時帰国して手稲山のスキー場でスノーボードのインストラクターのアルバイトをしている。土橋は塚原の友人でもある仕事仲間の女性のスキーインストラクター鈴木昌子（仮名・三十八歳）にも「尻別岳へ滑りに行かないか」と声をかけた。鈴木はニセコアンヌプリ山麓の町、倶知安で生まれ育ち、スキーが大好きで基礎スキーからモーグル競技、ゲレンデから山までの滑りをこなし、いつもスキーをしたいがためにインストラクターになった女性で、オーストラリアとアメリカのスキー場でそれぞれ一シーズンずつスキーに明け暮れる生活を経験している。鈴木はどうせならたくさんで楽しく滑ろうと、かつての仕事仲間、三浦健治（仮名・三十二歳）を誘った。三浦は志賀高原でスキーインストラクターとして三年働いたあと札幌に転居し、手稲山のスキー場でスキーとスノーボードのインストラクターになって五年間働いた。三浦の滑りは超一流だ。インストラクターを辞めて四年になるが、相変わらず〝滑る人生〟に変わりはなかった。

尻別岳へ行く前日、鈴木と三浦も加わり総勢六名になったと塚原は知った。鈴木とは幾度かバックカントリーへ滑りに行っているが、三浦のことは知らなかった。知らない人が加わると気を遣わざるを得ないし、人数が多くなるとガイドという職業柄ほかの人の面倒を見ることになり、遊びが遊びでなくなってしまう。だから塚原としては、遊びのときは技術レベルを把握した少人数で行きたいと思っていた。六人という大人数で尻別岳に行くことになってしまったけれど、みんな滑りのエキスパートだし、ライディングを楽しみ、よい撮影ができるはずだと思った。こうして二日前に客をガイドしたばかりの尻別岳に、塚原と五人が行くことになった。

三角形のオープン斜面

二〇〇一年二月六日、塚原たちは午前七時ごろ、札幌を車で出発して中山峠を越

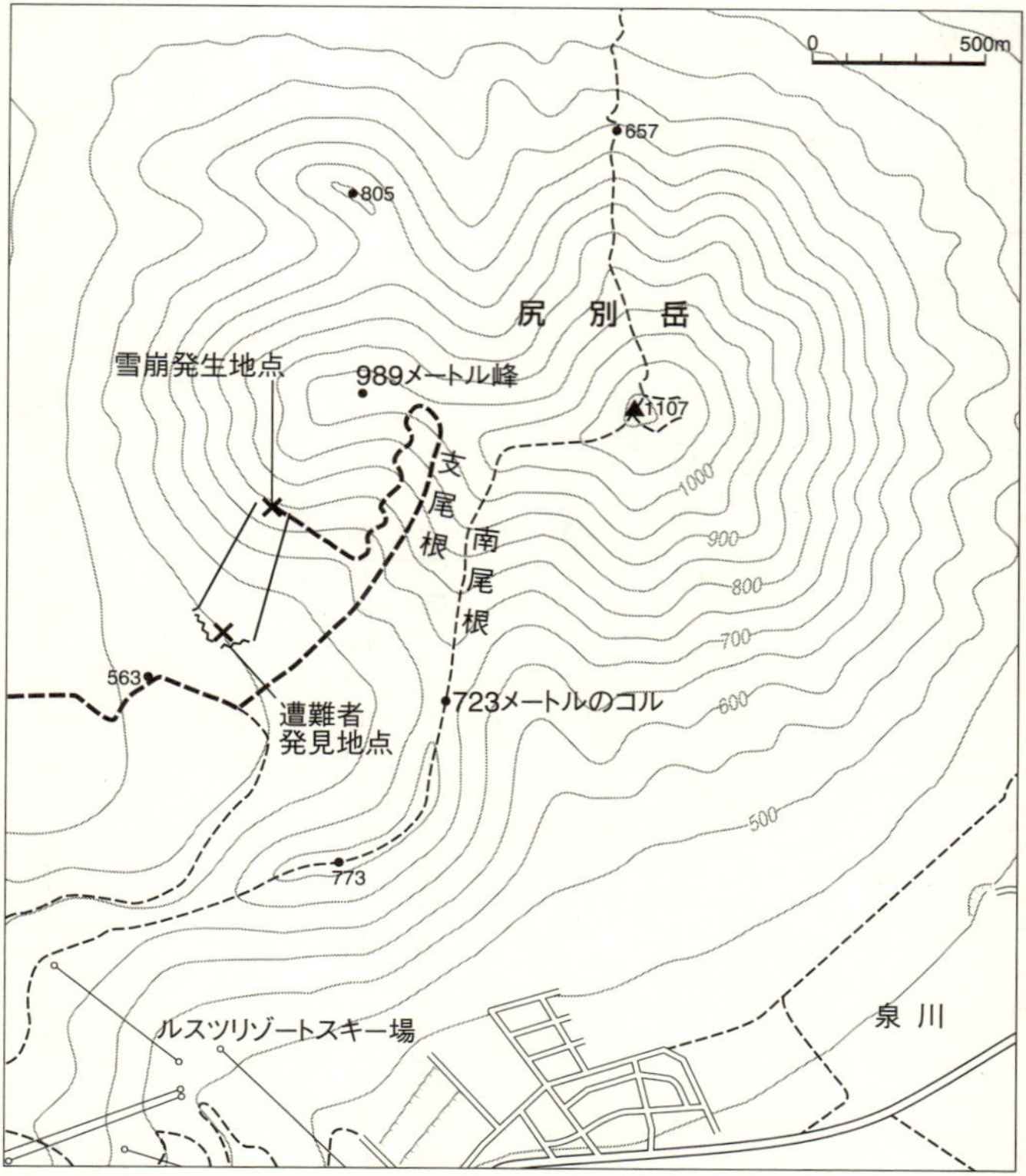
0
500m
657
805
尻　別　岳
雪崩発生地点
989メートル峰
1107
支
尾
根
南
尾
根
1000
900
800
700
563
遭難者
発見地点
723メートルのコル
600
500
773
泉　川
ルスツリゾートスキー場

えて一時間半ほどで到着できる尻別岳に向かった。車中で、「暖かい日が続いてその後に冷え込んでいる。積雪の中に弱層ができているかもしれない。新雪も降った。気をつけた方がいいな」と、雪崩の危険を気づかう会話が交わされる。中山峠は吹雪、上空には強い西風が吹いていた。峠を下ると雲は切れ、青空が見えるようになり、春には全層雪崩がいつも発生する尻別岳の樹木のまったくない真っ白な北斜面が見えてきた。尻別岳の南に延びる尾根の裾野にルスツリゾートスキー場があるが、塚原たちが滑ろうとしているのは尾根の裏、南側にある南西斜面だった。ここは尻別岳から西に延びる尾根上の九八九メートル峰と南尾根に挟まれ樹木のない大斜面が広がり、斜度は三十～三十五度、標高差は約四〇〇メートルあって、滑ったら最高におもしろいというのに訪れる人が少ない。

雪崩ビーコンは北島と廣瀬に塚原が貸し、土橋、鈴木、三浦の三人は自分の物を持ってきた。シャベルは全員が一本ずつ持ち、ゾンデは塚原だけが持った。スキーヤーの鈴木は、みんながスノーボーダーなのでスキーをザックに付け、スノーシューを履き、カメラマンの廣瀬だけがスキーにシールを付け、午前九時十分、標高四五〇メートル付近の林道から歩き始めた。

20〜30センチ積もった軽い粉雪のラッセルをして、尻別岳の南山麓からトドマツの植林地を登り、南尾根のコルを目指した

歩き出すとき、いつものように塚原は雪崩ビーコンを受信に切り替えて、全員のビーコンの発信状態をチェックした。塚原は雪崩の知識が乏しかった北島と廣瀬に雪崩ビーコンの操作法を教えていたものの、一緒に捜索練習をしたことがない。土橋、鈴木、三浦の三人は自分の雪崩ビーコンを持っているが、どれほど雪崩ビーコン捜索に習熟しているか、雪崩の知識を持ち合わせているのか、塚原は何も知らない。「もし雪崩に埋まったら、俺が見つけてやるから雪崩ビーコンを着けておいてくれ」、それが機能チェックをする塚原の気持ちで、「埋まった自分を発見してもらう」などとはまったく考えてもいない。客を危険な目に遭わせない、リスクを背負うのはガイドである自分だけという思考が身に染みつき、遊びのときも変わらなかった。

客をガイドするときのように、塚原が先頭に立って二〇〜三〇センチ積もった軽い粉雪をラッセルして、南尾根の七二三メートルのコルを目指して緩やかな尻別岳の裾野に広がるトドマツの植林地を登っていった。雲の動きは速く、稜線付近は風速一〇〜一五メートルのやや強い風が吹いていて、時折、青空も見えている。凍えて寒いが、裾野は風も穏やかで気分も雰囲気もよく、九八九メートル峰南面の標高差約四〇〇メートルもある三角形の大オープン斜面の下を横切っていく。ここを滑ればどんなにおもしろいだろうと想像するだけで、みんなの気分は最高に盛り上がっていた。この日、最後に滑ることになり、とんでもない雪崩が起きる三角形の大オープン斜面、このとき誰一人、ここに潜む雪崩の危険を想像することはできなかった。

三角形大オープン斜面の下を過ぎ、標高六二〇メートル付近の開けた平坦地で初めての休憩をとる。視界がよく、尻別岳頂上から西に延びる九八九メートル峰への稜線や南に延びる稜線の七二三メートルのコルも見えていた。このコルに出て南尾根を登るつもりだった塚原は、視界がよかったので、南尾根から分かれて南西に延びる支尾根の林に沿って九八九メートル峰東側の稜線へ直登するルートに変えることにした。

林沿いに登っていくと、所どころに笹が出ており例年より積雪が少ないことが分かり、ウインドクラストとまでは言えないが雪は風に叩かれて固かった。稜線まで斜面全体を見渡せる標高七五〇メートル付近で待機することになったカメラマンの廣瀬と別れ、依然として塚原がトップに立って登っていく。標高八〇〇メートルを超えると、斜面は吹き溜りとなって膝上の深いラッセルとなった。トップを五人で交代しながら稜線まであと五〇メートルの所までジグザグに登ると、うねったような斜面の傾斜はきつくなり三十五度ほどになった。稜線には雪庇が発達していたので、これを避けるために中央より右側から稜線に出ようとして斜面のせり出した部分を五人はかたまって登っていた。鈴木は友人から「尻別岳は雪崩が多い、雪崩れやすい山だ」と聞いており、今、五人が登っている斜面の右手が特に危ないことを知っていた。そこは斜面がせり出して落ちてきそうで、今にもクラック（亀裂）が走るような感じだった。

「ミシッ」

と大きな音が足元に響く。三浦には音がしたのが、近くか遠くか分からないような空耳かと思える音だった。五人の体重が雪面に加わり「ミシッ」と音を立て、笹に載った積雪がズンと沈んだような感じだ。呟くように三浦は鈴木に言った。

「今、音がしたよね。聞いた？」

「聞こえた、聞こえた」

雪崩が起きそうでイヤな感じだ。鈴木はとても怖くて、「ああ、気持ち悪い。早く上に行っちゃおう」と思った。三浦は、斜面が全部見渡せるし、ひとりひとりが間隔をあけて様子を見ながら滑っていけば大丈夫だろうと思い、鈴木ほど怖いとは感じなかった。塚原はうねっている急斜面を登っているときに、このような音を年に数回は聞くことがあり、「雪の層がずれたのだろう」と思った。雪崩れたらどこにも逃げようのない稜線直下の急斜面では聞きたくない音なので、塚原はかなりびびったのだが、あと五〇メートルも登れば稜線に出るし、天気は悪くなり吹雪いていたのでそのままルートを慎重に選んで登りきろうと思った。うねった斜面の一部分がエネルギーを放出したかのような音は、確かに凄かった。今日の雪は危険だという前兆に違いないが、こんな場面、こんな所で弱層テストをしようとは思いもしなかった。客を連れていたならば、ラッセルが深くなった場所で弱層テストをしただろうが、深い吹き溜りは稜線の雪庇直下の狭い範囲だけで、今まで登ってきた斜面は安全なはずだ。もし仮にピットを掘って弱層テストをしたならば、弱層を見つけることになるだろう。弱層があって危険だというのは分かるけれど、滑る、滑らないの判断はそれとは別のこと、雪崩の危険を避けて安全に滑る方法はあるはずだと塚原は思っていた。ともかく自分が判断する安全なルートで残り五〇メートルを登りきって稜線に出てから、ひとりひとり分散して安全な樹林の中を滑って下れば大丈夫だと塚原は考えた。ただ、「ミシッ」という音に、雪が深い吹き溜りのような場所を滑ることはとても危険であると感じ取ったのだった。

十一時三十分、塚原が選んだルートを登って五人は無事に稜線に出た。

稜線に出ると天気は悪化、吹雪模様となって視界もなくなり、五人は窪地で天候の回復を待つことにした。「ミシッ」と音を立てた稜線直下の急斜面、その下に広がる樹木のまばらな開けた斜面、そこへ視界のないときに入って滑ろうとは誰一人考えもしなかった。それは自殺行為に等しく、危険であることは分かり切っていた。塚原は窪地に四人を残して斜面に入る安全なコースを探した。

雪庇が小さくなった稜線の下に樹氷がついてモンスターのようになった灌木が数本あったのを目印にして稜線から下れば、音を立てた急斜面を避けて樹木がある支尾根へ滑り込み、クラストした固い斜面へ回り込めそうだった。安全なコースを見つけた塚原は、四人が休憩している窪地に戻った。

天候の回復を待つ間、塚原は雪崩のいろいろなことを四人と話した。みんなエキスパートのスノーボーダーとスキーヤーだ。雪崩の危険と背中合わせで滑る経験を

989メートル峰から南に延びる尾根を滑るためにウインドクラストした斜面を登る。雪庇から塚原がジャンプすると、左手斜面で点発生の雪崩が起きた

たくさんもっていた。雪崩の危険を避けて登るコースの取り方、同じように雪崩の危険を避ける滑降コースの取り方。例えば斜面の途中で止まらず直線的なフォールラインを滑ることなど、経験に基づく話題が多かった。

三浦はエクストリーム・スノーボーダーとしてもエクストリーム・スキーヤーとしても雪崩の危険、死の危険を感じさせる斜面をたくさん滑ってきており、常に雪崩ビーコンとシャベルは山に持って行くし、ピットを掘ることもときどきやる。雪崩の危険にはかなり気を配っている。

塚原は、もしも雪崩に巻き込まれたらどうすればよいのかという話をした。雪崩に巻き込まれたら雪崩の流心、つまり雪崩の流れの中心から逃げろ。雪崩の発生直後は、雪崩に勝てるチャンスがあるから泳いで上に上に出るようにしろ。最後まであきらめるな。埋まる最後の瞬間、両手で口を覆うようにしてエアーポケットを作れ。エアーポケットがあれば、数十分は窒息しないで生きられる。

雪崩から逃げろ。雪崩を泳げ。ダメならエアーポケットを作れ。

「エアーポケット」、三浦は初めて聞く言葉だったため、エアーポケットを作れば雪崩に埋まっても生きられると記憶にとどめた。

雪崩の兆候

青空が広がり視界がよくなった。下で待機していたカメラマンの廣瀬に、スタートすると塚原は携帯電話で連絡を入れた。

「イエー！　フゥー！」

みんな雪崩の危険を感じているなか、塚原が奇声を発して稜線から巧みに灌木目指して滑り降りた。塚原はトップを滑る自分が奇声を発して勢いよく滑れば、みんなのモチベーションは高まるはずだと思っていた。

数ターンしたが雪庇下の急斜面は雪崩れない。塚原はほっとした。土橋、北島、鈴木、三浦の順番で灌木の横で待つ塚原の所に滑り降りてくる。滑るのは一人ずつ、一人が滑るときはほかの人は必ず滑る人を見守り、滑り終えるのを見届けて次の人がスタートするというように、五人は雪崩の危険を避けるために慎重だった。

パウダースノーだったのは雪庇直下だけで、すぐにクラストした固い雪面に変わり、雪崩の危険地帯を回避することはできた。塚原は樹林に沿って滑りながら雪崩の危険はなくなったと思った。廣瀬が一人ずつ滑ってくるみんなを撮影した。塚原もビデオカメラで撮影した。

ただ一人のスキーヤーである鈴木は、滑り出してすぐに変な雪だと感じていた。この日、使ったのはトップの幅が一一〇ミリあるパウダー用のスキー、前を滑ったスノーボーダーの塚原、土橋、北島の滑りを見ていると普段と変わらぬ雪だと思っていたが、スキーの板がまるでレールに乗ったような不自由さでいつものような体重のかけ方をしていると二ターン目に前転して転んでしまい、後傾気味に体重を乗せないとうまく滑れなかった。下るにつれ斜面は広くなる。直線的なフォールラインを滑っていたが、前の三人が滑って何事もなかったので次第にターンを大きくしてスピードを上げた。滑る前は「大丈夫かな」と慎重に構えていたのに不安は消え、おもしろい一本を滑ることができた。

最後に滑る三浦は斜面全体が見渡せ、ひとりひとりが順番に滑っていったので大丈夫だろうと安心していた。稜線上はカリカリの固い雪だったが、スタートすると雪は悪くなく、少し下るとクラストした固さになり、まるでゲレンデの圧雪を滑っているようだった。ただ、滑り方を間違えるとトップが刺さるような感じがした。滑り終えた三浦は、斜面は広いし斜度もきつくなくてよいゲレンデだと満足した。

滑り終えた塚原たちは、手と手でハイタッチを繰り返した。雪崩への危機感が消

上空は風速10〜15メートルながら、ときどき青空が広がる。パウダースノーを滑ることができ、気分は最高に良かった

えたわけではないけれど、六人は満足し気分は高まっていた。

「もう一本、滑ろう」

自然とこの言葉が出てきたのである。

二本目は九八九メートル峰から南に延びる尾根を目指して、ツボ足で標高差一〇〇メートルほど登った。今度はちょっと待っただけで太陽が現われ、光も射してきた。塚原は、「滑ります」と下でカメラを構えて待つ廣瀬に声をかけると、尾根を滑り降りてから雪庇を飛んだ。着地したとき体勢を崩して手をつくと点発生の雪崩が起き、廣瀬へ向かって滑っていく塚原の後方を一〇〇メートルほどフォールラインに沿って細く雪崩れたのだ。厳冬期の二月だというのに、傾斜がそれほどきつくない斜面で春先に起きるような湿雪の点発生雪崩が起きた。塚原は、「今日はちょっと雰囲気が違うな。気をつけなくては……」と思ったのだった。

稜線直下で聞いた「ミシッ」という雪面がきしむ音、雪庇を飛んで着地した斜面で起きた点発生の雪崩。雪崩の危険を示す兆候が連続した。二本目を滑り終えた段階で、雪崩の危険な兆候に対してベストを尽くしてミスを防いでいた。一〇〇パーセント雪崩の危険を回避して、致命的なミスは犯していない。もし雪崩に巻き込ま

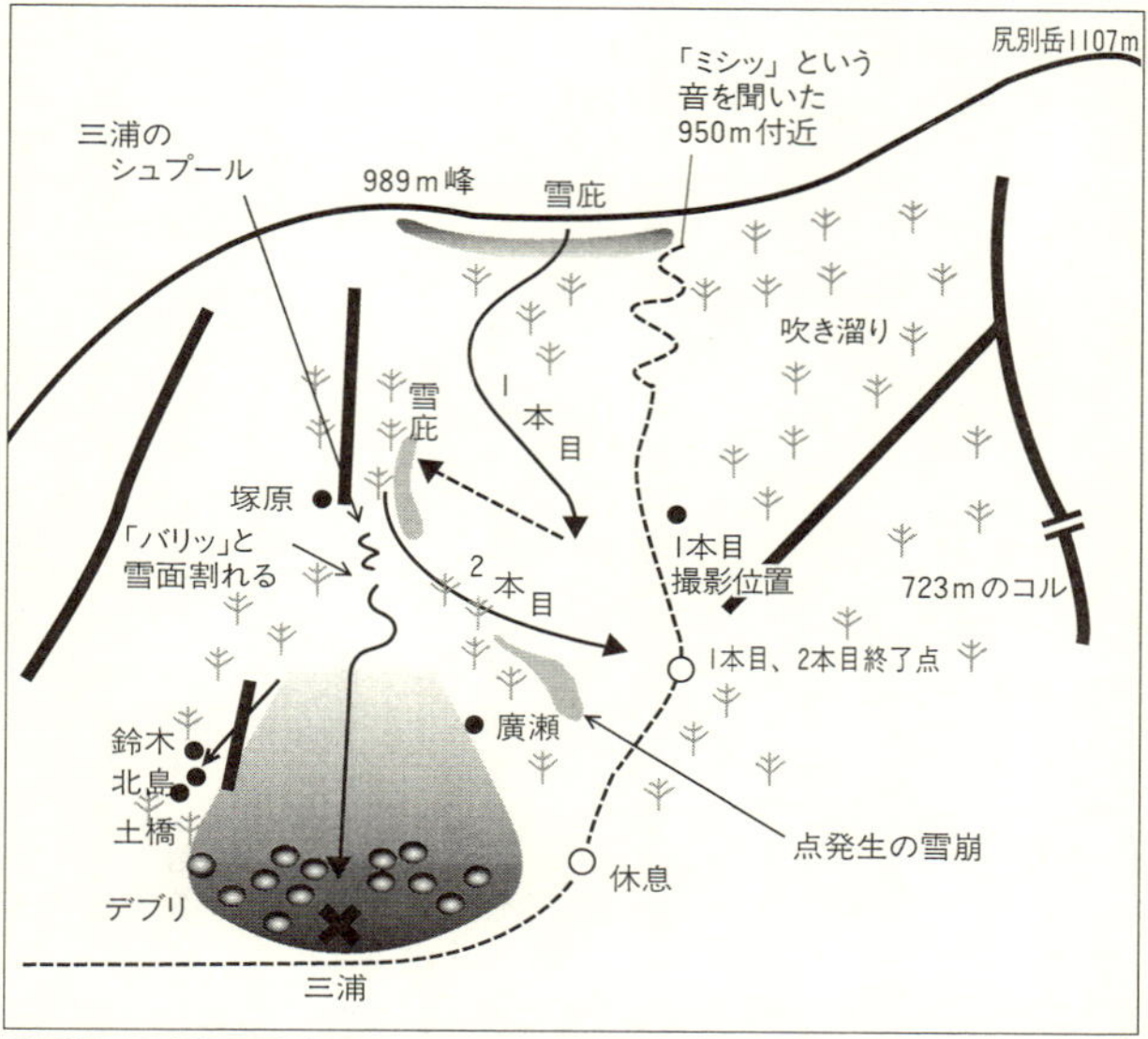

尻別岳の雪崩現場略図　２本目の滑降が終わり、989メートル峰から南に延びる尾根を登り返した、南面の三角形大オープン斜面で雪崩が発生した

れたとしても、必ず一人ずつ滑っているのでバックアップ態勢は取れている。しかし、この点発生の雪崩はヤバイ、そろそろ帰ろうかと塚原は迷った。

風を避け林に入った塚原たちはツエルトをかぶり、お茶を沸かして休憩した。風は次第に強くなり、ときどきツエルトが飛ばされそうになるほどで、天気はもう回復することもなく撮影もできそうもない。塚原は帰ることを決める。林道から登ってきたトレースを下ったのでは平坦なためスノーボードは滑らない。そのため二本目を滑ったツボ足のトレースを使って九八九メートル峰から南に延びる尾根を登り、来るときに見上げた南面の三角形大オープン斜面を滑って帰ることにした。そうすれば簡単に車に帰り着ける。きっとその斜面は、西風が当たってウインドクラストした固い雪面になっているはずだから雪崩の危険も少ないだろう。

午後二時二十分、吹雪のためにほとんど消えかかっていた二本目のトレースを使って尾根へ向かって登り出した。三十分ほど登ると、最初の休憩のときに見た三角形大オープン斜面の上に出た。そのときだけ視界は良くなり、最初に休憩した場所や一人だけトラバースして三角形大オープン斜面の下方に移動したカメラマンの廣瀬が上から見て左側の林付近にいる姿も見えた。チャンスがあれば最後の滑りも撮影しようと考えていた塚原は、「そんな左側にいたら写真撮れないでしょ。もっと大オープン斜面の真ん中に来ればいいのに」と廣瀬を見て思った。

ところが数分後には再びガスがかかったようなひどい吹雪となってしまい、携帯電話のやりとりで廣瀬は撮影を中止することになる。みんな疲れていたのか、もう天気待ちはしたくなかったのだ。ビデオカメラで撮影していた塚原は、最後の滑りを後ろから撮影しようと考え、みんなの最後を滑ることにした。視界は悪く斜面は急だから、「雪崩の危険を考えてオープンな斜面を滑らず、最初から右側の樹林をからめながら滑っていこう」と、塚原はみんなに声をかけ、「止まるのは下で」とだけ、あいまいに集合場所を指示した。

午後三時すぎ、北島が最初に滑り出す。ビデオカメラで姿を追ったが、二、三ターンで吹雪の中に消えてしまった。撮影できないので塚原はカメラをしまい、鈴木、三浦、土橋の順番に滑っていく姿を見送った。

雪崩発生

鈴木は北島の滑っていく後ろ姿を見て、尾根の雪はパフパフの軽い雪で一本目、二本目に滑った斜面とは全然違う、雪が一番いい斜面だ、雪崩は大丈夫だと思った。それでも鈴木は滑り出しの五ターンは慎重だった。踏み込みを強くして雪面に荷重をかけるのが怖くて雪を探りながら、力を抜いてポフポフとショートターン気味に滑った。五回のショートターンで大丈夫と確信した彼女は、縦長のロングターンに変えた。どこまで滑っていっても左側の樹林にいるはずのカメラマン廣瀬の姿が見えなかった。さらに下ると右手の林の中に入っていく先行した北島のトレースがあったので、鈴木も林の中に入って止まった。「ホーイ、ホーイ」とコールをかけてみたが返事はなく、「誰もいないな、いないな」と見回してみたが、北島の姿は見えなかった。少し先へ進み、また林の中を見回した。「誰もいない。誰も来ないなあ」と思った瞬間、足元の雪面の表面だけがフワーと流れ出した。

「あっ！　雪崩れている」

今までにも急峻なルンゼ（沢筋）で一〇〜一五メートルくらい雪崩に流された経験が幾度かあったので、冷静に雪崩に巻き込まれ始めた自分の状況を見ることができた。雪崩れているのはスキー靴が埋まる程度の雪面表面だけだったため、すぐに止まると思っていたが、スピードを早め雪崩れる雪の量も増えていく。鈴木は尾根を越え、西側の斜面へとどんどん流された。じっとしていると雪の中に体が沈んでいくため、両手を犬掻きで泳ぐように必死に雪を漕いだ。すると体は雪の中から雪崩の表面に浮いてきて視界が明るくなる。試しに犬掻きを止めると、体は沈み視界が暗くなった。

「あっ、泳ぐのを止めてはダメだ」

「みんな私に気がついているかな。大丈夫かな。流される私を見ていてくれるかな」

鈴木は雪崩に流されているのは、自分一人だけだと思っていたのである。

雪崩に流されているのは鈴木だけではなく、次に滑り出した三浦も流されていた。雪崩が発生したのはまさに三浦の背後、彼は雪崩の本流で翻弄されていたのだった。

二番目に滑り出した鈴木が視界から消え、しばらくしてから三浦は尾根上を滑り出した。新雪が四〇センチほど積もっていて雪は柔らかくて気持ちよく、今日の滑りで一番良い雪だ。別段、音がしたわけではなかったが、三、四ターンしたとき左側の五メートルほど後方で〝バリッ〟と雪面が割れたような感覚を背中で感じた。

「あれっ、雪崩が起きた？　でも、音もしないしな。まさか……」

　雪面が割れたような感覚をとらえた後方は三浦には見えない。次のターンをすれば後方が見えるはずだ。

　ターンの瞬間、後方に視線を向けると三浦の真上が真っ黒だった。「雪崩が来たな！」と三浦は右手の林方向に逃げるためトラバースしようとしたとき、雪崩は三角形大オープン斜面の全体で起きていることが分かった。幸いなことに三浦の足元の雪は崩れていないので立ったまま流されていく。雪崩の速度はだんだん、だんだん速くなっていき、大きなブロックに当たって三浦は転んでしまった。転ぶと雪のブロックで体はぐちゃぐちゃにされてしまい、雪崩の中に巻き込まれた。うつ伏せに転んでしまったために、背中とザックの間に雪が入って深く雪崩の中に沈んでいくようだった。上向きになろうと必死にもがいていた三浦に、突然、空が見え、上半身が上向きになって雪崩から体が浮いてきた。

「このままいけばいい。上向きなら埋まらない」

　三浦は雪崩に流されながらスノーボードで雪を押さえつけ、上向きの体勢を保って周囲の状況を冷静に見ていた。デブリの上に座ったような状態で流され、雪崩はどんどん加速していく。エキスパート・スノーボーダーである三浦だからこんなことができたのだろうが、雪崩は容赦することなく彼を翻弄する。たまに体がひっくり返されるのだ。うつ伏せになると体は雪崩の中へと沈んでいく。そのたびに必死にもがいて体勢を立て直す。雪崩に流されている三浦の冷静さは変わらない。雪崩の動きを観察し、体のバランスをうまく保つようにスノーボードをコントロールした。

「ああ、とうとう雪崩にやられちゃったなあ」

雪崩の最大速度は過ぎて斜面の傾斜が緩くなる。雪崩の勢いが弱まってきた。

「これなら立てるかもしれない。もうちょっとだ」

と、思っていると、上方の雪が衝撃もなくボッ、ボッと三浦を埋め出した。雪が傾斜の緩くなった雪崩の堆積区に溜り始めたのだった。埋まりながら三浦はデブリの中でもがき続け、空を見ていた。最後の一瞬まで空は見えていたのだが、もがいている三浦の体をクーッと雪が圧迫し、ギュッ、ギュッ、ギュッと何回となく締めつけ動けなくする。「エアーポケットを作れ」という塚原の言葉を覚えていた三浦は、雪が止まりそうな最後の瞬間、両手を顔の前に持っていこうとした。だが、手は思うように動かせず、左手の手袋が脱げてしまった。

雪崩は三浦を完全に埋め、停止した。

顔の周りには隙間があったので、頭を前後左右に動かし、体もあっちこっちへと動かしてみると左足が三〇~四〇センチほど動いたので、デブリの外に出られるかもしれないと思った。しかし、雪面がどちらの方向なのか、三浦にはまったく分からない。一生懸命左足を動かすと、次は手を動かした。手を動かすと足を動かす。足を動かすと手を動かす。息が苦しくなってきた。三浦はエアーポケットを作れていない。

「これはまずい。酸欠になるかもしれない」

と思った三浦は左足を動かすのをやめ、体の上側にあった手袋が脱げた左手の指先を動かして少しずつ、少しずつ雪を掘った。

三浦に死の恐怖感はなかった。

「これはヤバイな。先に行った二人も埋まっているだろうな。どうしよう」

十分ほどは意識があったのに、やがて朦朧としてくる。

「ああ、そろそろ限界だな。この山は何という名前なんだろう。今までスノーボー

三浦が埋没していた地点付近。傾斜が緩くなり雪崩の動きが止まる直前、
上方からボッ、ボッと雪は三浦にかぶさり、ギュッ、ギュッと締めつけた

ドやってスキーをやっておもしろかったし、こういう死に方もいいかなあ。みんなに迷惑をかけて全然よくないけど……。この山の名前を思い出せないなあ。ああ、終わりだ。山に登って山を滑って雪崩に遭った。オシッコもしたいな。この山の名前は……」

三浦は、意識を失った。

「この雪崩、いつかは止まるだろうな。雪崩が止まるとき、エアーポケットを作って空気を確保しないといけない。そんなことができるんだろうか……」

犬掻きの要領で雪崩の中を泳いでいた鈴木は、冷静さを保ちつつ雪崩が停止する最後の瞬間に向けて緊張していた。ところが四、五本の灌木の小枝に体がぶつかると、上も下も分からなくなるほど体勢は崩れ、帽子が飛ばされ、何がなんだか分からなくなってしまった。

「ワァー、怖い!」

雪崩が止まったとき、鈴木はうつ伏せになった。反射的に体を起こすと雪の中から出ることができたので、上を見ると木の枝に帽子とゴーグルが引っかかっている。

先に滑っていた北島が、鈴木の三〇メートルほど上から声をかけた。

「大丈夫?」

「大丈夫。板がはずれちゃったー」

北島がスノーボードを横滑りさせながら下りてきて、枝に引っかかっている帽子とゴーグルを取ってくれた。北島も鈴木と同じように流されたらしい。お互いに「大丈夫だった?」と声をかけ合っていると、三浦の次にスタートした土橋が、「板、あったよ」と流されたスキーを持って来てくれた。土橋だけが雪崩に流されていなかった。鈴木と北島は三角形大オープン斜面の西側にある尾根を越えて雪崩に流されていたので、三人はツボ足になり尾根を登って三角形大オープン斜面へと戻ろうとした。さっきまでパフパフの柔らかい新雪だった斜面が、いきなりガリガリのアイスバーンがむき出しの斜面、デブリのブロックが積み重なったボコボコの斜面に変わっていた。鈴木はたいした雪崩でなくてよかったと思いながら、三角形大オープン斜面が見える所まで登ったが、ガスが視界をさえぎり斜面全体を見渡すことができなかった。

カメラマンの廣瀬は、上にいる五人の姿が見えないほど視界が悪く、撮影をあきらめるしかなかった。北島が滑っているのも鈴木が滑っているのも、吹雪の中で何かが動いている程度にしか見えない。撮影をあきらめ、下を向いてカメラをザックにしまっていると、体に雪のブロックが当たり強烈な衝撃を感じた。昔、廣瀬は車にはねられたことがあり、そのときの衝撃を思い出させた。

「誰かが滑ってきてぶつかったの？」

と視線を上げると、雪面がまるでコンクリートを割ったように崩れて流れている。

「雪崩なのか？」

と半信半疑、信じられないといった気持ちで眺めたが、そのときすでに廣瀬は雪崩に流されていた。廣瀬はもがいた。雪崩のなかでもがいていると、なんとなく左方向へ流れていけば脱出できそうだと思い、泳ぐようにもがき続けた。すると二回目の強い衝撃を感じた。雪崩が間隔をおいて二回発生したのだ。まもなく雪崩は止まり、立ったままの状態で廣瀬は腰まで埋まっていた。流されている間に右足のスキーがはずれ、メガネは吹き飛んでいる。なんとか左足スキーのビンディングをはずすとやっと脱出できた。廣瀬は雪崩の端の方で巻き込まれていた。もし三角形大オープン斜面の真ん中で待機していたら、雪崩の中心で流されて完全に埋没していたことだろう。みんなは大丈夫だろうかと、塚原の携帯電話を呼んだ。

セルフレスキュー

「さあ、俺も行こうかな」と、滑り出そうとしたとき少し太陽が見え、あたりが明るくなった。「ここまで来たんだから、撮影するためにもう少し待とう」と塚原は滑るのを止めた。廣瀬からの呼び出し音が鳴ったが、電波状態が悪くてうまく繋がらない。「もう少し待ちましょう」という廣瀬からの電話だろうと塚原は思った。

また廣瀬からの呼び出し音が鳴った。いつもと同じ冷静な口調の彼の声が聞こえた。

「みなさん、大丈夫ですか？」

廣瀬の問いかけを聞いた塚原は、何を言っているのだろうと奇妙に思った。

「さっきみんな滑っていきましたけど……。見えませんか？」

「いやあー、今、雪崩があって……。けっこうでかいです。僕の眼鏡とストックも流されました」

「本当ですか？　みんな一緒にいると思うのでちょっと下りてみます」

塚原が時計を見ると、午後三時二十分だった。

鈴木が滑っていったフォールラインを横滑りで二〇メートルほど下ると、いきなり転んだ。高さ約四〇センチの雪崩の破断面が、斜面を長さ三〇メートルの幅で走っているのだ。

「なんだ、これ！」

さらに少し下ると、二本目の破断面があった。

立ち尽くす塚原の足元の斜面はガリガリの固い雪面に変わってしまい、太陽の光が射し込みつつある三角形大オープン斜面を隠していたガスが晴れていく。まるで映画館の幕が開いていくように、見渡すかぎりデコボコの雪のブロック、デブリに覆い尽くされた斜面が塚原の眼前に広がった。木はへし折られ、うねった斜面の窪みにはデブリの山が盛り上がり、見渡せる斜面すべてがデブリだった。三人は右側の林へ向かって滑っているはずなので、そちらを見ると黒い物体が動いている。人だ。

一人いた。あそこにも二人いた。塚原は叫んだ。

鈴木たち三人は三角形大オープン斜面を見渡せる西側の尾根に立った。ガスが晴

幅200メートル、長さ200メートルを流れた雪崩のデブリ末端付近から斜面上部を見る。最上部付近と右手の林上部に雪崩の破断面が走った

れていく。すると斜面全体が雪崩れ、デブリのブロックが散乱し、とても現実とは思えない風景が見えてきた。こんな大きな雪崩の跡は三人とも初めて見た。塚原の叫ぶ声が聞こえた。

「みんないるかー？　鈴木さんはいるのかー？」

「鈴木はいますー」

と本人が叫んで返事した。「女性の鈴木がいてよかった、みんないる」と塚原は思った。「待てよ、今日は何人で尻別岳に来ている？　みんないるのか？」と自問して人数を数えた。「あれー、一人足らないじゃないか」。塚原は下に向かって叫んだ。

「三浦はー？」

「分からないんですー」

塚原が想像する雪崩の風景とはまったく違う。凄い規模の雪崩だ。標高七三〇メートルで発生した雪崩の破断面の長さは二〇〇メートル、雪崩の大きさは幅二〇〇メートル、長さ二〇〇メートルだ。デブリの堆積している場所だけでも幅は一〇〇メートル、長さ一〇〇メートルもあった。「三浦がいない。巻き込まれたな。この雪崩に埋まったら死ぬ。早く助けてやらないと死ぬだろう」

塚原は愕然とした。

二本目を滑り終えるまでは、雪崩に備えてのバックアップをしっかりとって何事もなく安全に行動できた。最後の最後、車に帰ろうとした三本目の滑りで、視界がないのにみんなを先に滑らせてしまった。「止まる場所は下で……」とあいまいに言わないで、もっと正確に滑るコースと止まる場所を指示しておけばよかった。この責任は塚原が取らなければならず、宮下になんて報告しよう。警察にも呼ばれて事情聴取されるだろうと、不安な想いが、一瞬、頭に浮かぶ。だがすぐに塚原は冷静になり、客観的に三浦の捜索のことを考えようとした。

デブリの範囲が幅二〇〇メートル、長さ一〇〇メートルと広いのに誰も三浦が滑る姿を見ておらず、遭難点も消失点も分からない。三浦が埋没した区域を推測する手がかりは何もなかった。塚原は斜面の傾きから、中央から左のデブリに埋まっている可能性が高いと判断した。ともかく雪崩ビーコンで捜索するしかないのだ。ザックからゾンデとシャベルを取り出した塚原は、四人の雪崩ビーコンの電源を切るように叫んだ。彼らは雪崩ビーコンの捜索に習熟していないし、万が一、間違えて彼らの発信音を三浦と取り違えたくはなかった。

塚原は幅二〇〇メートルのデブリの範囲を一往復、思いっきり走った。塚原が持っていたのはデジタルビーコンであるバートンのレッドビーコンだ。デジタルビーコンはアナログビーコンに比べると電波の受信範囲が狭く、レッドビーコンなら条件が良いときでも発信ビーコンに二〇～三〇メートル接近しなければ受信できないだろう。一往復した塚原のビーコンは、まったく三浦の雪崩ビーコンの発信音を受信しなかった。雪崩ビーコンがあれば、発見できるという塚原の期待はあっさりと裏切られた。

たった一人でこの広いデブリ範囲を雪崩ビーコンで捜索しても時間がかかるだけ、捜索するなら五人全員でやらなければ生存可能性の高い十五分以内に三浦を発見することなどできないと悟った。下にいる四人に雪崩ビーコンを受信モードに切り替えさせ、横一列になってデブリの下方に向かって捜索していくように指示を出した。デブリの山は、斜面の下部だけでなく上部の窪地や斜面の側面にも溜っていたので、五人は広がって捜索を開始した。

捜索を開始したものの、塚原には気の遠くなるような気がした。デブリ範囲が余りにも広く、雪崩ビーコンは受信音をまったく発しないからだ。窪地に盛り上がる目の高さのデブリ、たとえビーコンの受信音がしなくても通りすぎることが不安だった。「もしここに三浦が埋まっているならば、もしそれを見逃せば、取り返しがつかない」。全員が三浦の遺留品を見つけることと雪崩ビーコンの発信音を捕らえることに必死になった。デブリの斜面は五〇センチ四方のブロックが積み重なりとても歩きづらく、デブリがなければないでカリカリの固い斜面で転んでしまう。みんな這いつくばるようにして捜索を続けた。塚原は走りながら消防に雪崩発生と三浦の行方不明を連絡して、救急車を要請しようと携帯電話を数回かけるが繋がらなかった。塚原は、電波状態が悪くて繋がらない携帯電話にしがみついて連絡を試みるより、捜索することが先決だと通報をあきらめた。

捜索を開始したときデブリ末端に何か黒っぽいものがかすかに見えていた。塚原はそれが笹の葉っぱだろうと思い込んだ。あとで考えればデブリの中に笹の葉っぱがあるなんておかしいのだが……。全員で雪崩ビーコンの捜索を開始して五分、いきなり土橋がデブリ末端に向かって走り出した。

「土橋、どうした！　いたのかー？」

土橋は返事をしない。途中から全力で走り出した。塚原も北島も廣瀬も鈴木も全員が走り出した。「三浦がいる。そうであってほしい」と誰もが走りながら祈った。足首を捻挫していた鈴木も、痛みを感じながら全力で走った。デブリのブロックに足を取られて何度も転んだ。

土橋が叫んだ。

「アッ、いたあー」

三浦のスノーボードが五〇センチ、デブリの中から出ていたのだ。みんなが三浦の名前を叫びながらスノーボードへ突進した。雪から突き出るように見えているスノーボードに一五メートルの距離に近づいたとき、やっと塚原のレッドビーコンが受信音を発し始めた。「今ごろビーコンの音が鳴りやがって。いまさら鳴っても遅いんだよ。こんな距離を走ってきてやっと鳴るのか」と奇妙な怒りが塚原に込み上げた。

最初に着いた土橋がシャベルで掘り始めている。二番目に着いた塚原も掘り出した。三番目には三浦と一番つき合いの長い鈴木が走ってきた。スノーボードの足の方から掘り出す。デブリは思ったほど固くなく、五〇センチ掘ると三浦のザックが出てきた。

「いたっ！」

と誰かが叫ぶ。さらに掘ると三浦の後頭部が見えた。右腕が見えた。ザックを引っ張り、体を持ち上げようとするが、うつ伏せに埋まっている三浦は動かない。どんどん掘る、掘る、掘る、掘る。髪の毛が出てきた。背中が出てきた。ところが出てきた三浦の体はまるで死体のようだ。右腕が黄色い。人間の体がこんなに黄色いのかと、鈴木はどきっとして三浦の名前を呼び続けた。塚原は三浦の体がピクリと動いたような気がした。頭部付近をさらに一、二分掘ると顔が出てきたので、体を横向きにして上体を起こす。顔には生気がまったくなく、紫色でチアノーゼが出ていた。顔を持ち上げると、ダランと口から涎《よだれ》が流れ出した。まるで死人の顔だ。

そのとき午後三時四十分。三浦が雪崩に埋没してから二十分が経過していた。

「ケンケン！　ケンケン！　ケンケン！」

とみんなが三浦の愛称を口々に叫び、鈴木は三浦の体を揺り動かし、顔を幾度も叩いた。三浦が呼吸しているのか確認ができない。

「起きろ！　ケンケン」

塚原が叫んだ。鈴木も三浦の名前を叫び続けた。

「ぷはー」

三浦が息を吐いた。鈴木が、

「アッ、息した！」

と叫ぶ。体の周りを急いで掘るようにみんなに声をかけた。三浦の目は真っ赤に充血し、顔は紫色だった。

穴の中に自分がいて、周りをみんなが取り囲んでいる。三浦に何か叫び声が聞こえてきた。

三浦の口から弱々しい呻き声がもれた。

「あー、みんないる？　みんないるー！　良かったぁー」

やったと塚原は思った。三浦が生きている。三浦が言葉を発した。三浦の視点は定まらず、「生きていたぁ」、「みんないる」と、うわ言をしゃべり続けている。

「大丈夫か」

と三浦に問うと
「うーん」

車を置いた場所から望む尻別岳989メートル峰の南西斜面。尻別岳には全層雪崩のために樹木の生えていない、このような斜面がたくさんある

と答えた。

「どこも痛くないのか」

と問うと
「痛くない」

と答えた。ちゃんと質問に答える三浦を見て、みんなは抱き合って喜んだ。三浦は頭に霧がかかりベールに包まれたようなぼんやりした意識で塚原、北島、廣瀬、土橋、鈴木の顔を見ている。

「あ、えっ、俺、生きている……。助かった……」

あたりはもう薄暗くなり、吹雪いてきた。三浦の体を完全に掘り出すと、鈴木が三浦に聞いた。

「自分で歩ける？」

「どうだろう」

三浦が自力で立ち上がった。立ち上がったけれど、体も頭も目が覚めたばかりといった感じでぼうーっとしている。でも鈴木は、すごくほっとして涙がこぼれてきた。

「だんだん気分が悪くなってきた」と言う三浦を鈴木と土橋が抱きかかえ、デブリ末端から離れた太い木の横に連れていって休ませた。幸運なことにケガはどこにもしていなかった。

塚原と北島と廣瀬は、捜索を開始するときに上部にザックやスキーを置いたまま下りてきたので回収に登り直す。三角形大オープン斜面はデブリのブロックに埋め尽くされ、へし折られた樹木がたくさんあった。あらためて雪崩の恐怖が塚原の体を突き抜けていった。

仲間への信頼感

その夜、塚原は宮下に尻別岳で遭遇した雪崩のことを報告した。偶然が重なって三浦を生存救出することができたが、普段ならいつもしていることをみんな怠っていた。ピットを掘って弱層テストをしなかったのも、最後の滑りを視界の悪いままにやり、視界がよくなるのを待たなかったのもそうだろう。今までやってきた雪崩への机上トレーニング、レスキュートレーニング、雪崩ビーコンをはじめ装備の備えで、このような規模の大きな雪崩にどこまで対処できるのか。リーダーとして三浦を救出した判断が正しかったとしても、それは幸運が重なった結果に過ぎない。そう考えると山が恐ろしくなり、怖くなった。塚原はガイドとして客を連れていく自信を喪失して、憂鬱な気分に陥ってしまった。

報告を聞いた宮下は、「起こしたことはよくないが、結果的に見ればOKだ。ガイドをやるにはプラスになる経験だろう。一発のミスが死に繋がるよりも小さなミスを繰り返して経験を積んでいくことが大切だ」と言った。翌日には羊蹄山に客を連れて行かなければならない塚原は、山に行く自信がなかった。「明日は休んでもいいですか?」と宮下に聞く。宮下の答えは、「それとこれは別だ。明日は羊蹄山へ行け」だった。

翌日、塚原はスノーボードのバックカントリーツアーが自分の仕事だと言い聞かせ、十数人の客を宮下とともに連れて羊蹄山に登り、滑った。羊蹄山からは尻別岳の雪崩の現場がよく見えていた。

鈴木は尻別岳から帰ると、それまでの自分の行動を振り返り、雪崩に対してできることはなんだろうと自問した。雪崩対策の装備を見直し、そこまでやるかというくらい準備しても足りない、やりすぎということはないと思った。危険な斜面ばかりを滑っていると、斜面に対する感覚もマヒしてくる。危険への感覚をもう一度見直すつもりになった。

雪崩から数日後、鈴木はスキー仲間と満月の夜の手稲山ネオパラコースを滑降する計画だった。ネオパラコースは手稲山の古典的な山スキーコースで、スキー場から札幌の市街地まで滑っていける。三浦にも「行かないか」と誘った。

二月の満月の光がネオパラの雪を蒼く照らしていた。ライトがなくても月光を浴び、雪を舞い上げながら滑っていける。舞い上がる雪が月光に輝く雪面に黒い影となって舞い落ちる。満月の夜のネオパラは静寂そのものだ。鈴木は、さすがに樹木のないオープンな斜面に入るのは怖かった。いつもなら滑る真っ白な樹木のない斜面の上に来たとき、鈴木は林の中にコースを選んだ。追いかけてきた三浦が「やっぱしね」と言った。「やっぱしよ」と、鈴木は微笑んで三浦に答えた。

三浦は、自分は尻別岳で一度は死んだと思うのだ。心理的にかなり参ったのは事実、しばらくの間、林間以外の所は滑りたいと思わなかった。「あんな所で雪崩に遭ったら助からない」と思うからだ。しかし三浦は、「尻別岳へ一緒に滑りにいった仲間たちは、何かがあったときは、それは自分自身の責任だと認識していた。その気持ちが強い仲間だったからこそ、自分は助かった。それぞれが雪崩に流され、俺が完全に埋まってしまっても、あきらめずに捜索してくれた」と、自己責任をわきまえた信頼できる仲間がいたからこそ助かったと思うのだ。尻別岳で体験した雪崩を契機にして、自分が変わったような気がするという三浦。

「何が変わりましたか？」

と尋ねると、

「短気だったのに細かいことにこだわらず、怒らなくなった」

と笑いながら三浦が答えた。死の世界から生還した人間は、人を許し、心が優しく穏やかになるのだろう。

教訓

今回の尻別岳の雪崩事故から、どのような教訓が導き出せるだろうか。

①安全率を高めるために弱層テストを怠らない。

②雪崩の危険を回避する行動をとる。

③捜索方法を工夫する。

④雪崩ビーコンは受信範囲が広いほど有利。
⑤通報を優先する。
⑥滑りのエキスパートになる。
塚原はスノーボードガイドなので、客を連れて山に行くときは、必ず弱層テストを行なって積雪の安定度をチェックしていた。ところが「ミシッ」と雪面が沈むような音、点発生表層雪崩という危険な兆候があったにもかかわらず、この日に限って弱層テストをしなかった。理由を問うと、「なんでやらなかったのか、あとで考えても分からない。油断していた」と答えた。
①雪崩の危険を避けるコースを滑る。
②雪崩が発生して多人数が埋没するのを避けるために、ひとりひとり、間隔をおいて滑る。
という対策を取ることによって、エキスパート・スノーボーダーである彼らなら、雪崩の危険を回避できると信じていたようである。

雪山において一〇〇パーセントの安全はあり得ない。だからこそ、安全率を高める努力を怠ってはならないのである。やはり弱層テストをして、安全率を高める努力を惜しむべきではない。弱層テストをすべき場所は、一本目に滑った斜面のスタート地点、休憩場所付近、カメラマン廣瀬の待機場所付近、雪崩を誘発した斜面のスタート地点などだ。少なくともスタート地点二カ所では、弱層テストをすべきだった。特に上部からいきなり進入する斜面を滑るときは、いっそう慎重にならなければならない。下部から滑降する斜面を登っていくときは、登りながら雪質や積雪の状況を知ることができるが、上部から進入する場合はそれができない。弱層は雪を掘って積雪の内部を見ないことには理解できないし、いくら経験豊富な者であっても積雪表面からの情報だけで、積雪内部のことを正確に理解することは不可能だ。雪崩が発生した三角形大オープン斜面のスタート地点で弱層テストをしていたら、きっと彼らの行動は違ったものになっただろう。

弱層の存在、弱層の雪質、積雪の安定度の度合を正確に把握すれば、地形の状況から上載積雪の量を推測し、滑るべき安全なコースを決定するために役立てることができる。この場合、二人目まで滑降しても雪崩は発生せず、三人目の三浦の滑降で発生していることから、弱層があったとしても非常に危険なものではなかっただろう。しかし、弱層の存在を認識すれば、よりいっそう危険を回避する行動をとることができたはずだ。

視界の回復を待って滑る。樹木のないオープンな斜面を避け、林間に滑降コースをとる。一人が滑降して停止するのを確認してから、次の者がスタートするなどの回避策だ。

エキスパート・スノーボーダーやスキーヤーにとっては、弱層があったからといって常に滑降を中止することもできないだろう。こういった安全率を高める努力を惜しまないことである。

視界が悪かったために遭難点、消失点を誰も見ておらず、デブリ範囲も幅二〇〇メートル、長さ一〇〇メートルと広く、デブリ範囲以外の斜面上部の窪地にもデブリが溜った箇所があるなど、捜索の条件は悪かった。三浦の埋没可能性区域はデブリ末端と推定できるが、窪地の可能性も捨てきれない。塚原は雪崩発生点の上部、ほかの四名は下部にいる。塚原は、ジグザグに移動して雪崩れた斜面を広範囲に雪崩ビーコンで捜索、ほかの四名はデブリ末端での捜索と地域を分担すれば、三浦発見の時間は短縮できたと思われる。斜面のフォールラインに沿って横一列に四人が並んで捜索する方法もあるが、この場合ならデブリを横方向から捜索する方法をとってもよかった。

塚原の使用したビーコンはデジタルである。アナログビーコンに比べてデジタルビーコンの受信範囲は½～⅓と狭い。このように捜索範囲が広い雪崩の場合は、受信範囲が広いアナログビーコンが有利になってくる。

広い斜面に五人が離れているため、意思疎通をどのようにして取るのかという問題もあるし、全員が捜索方法についての共通認識を持っていなければ、統率の取れた迅速な捜索はできない。パーティのコミュニケーションも重要な問題になってくる。入山前から捜索方法についての認識を共有するようにしておきたい。

塚原は携帯電話の電波状態が悪かったために消防への通報をあきらめて捜索を優先した。三浦が自力歩行をできたので問題はなかったが、やはり警察あるいは消防への通報は優先すべきだ。通報すれば、消防防災ヘリか道警ヘリが札幌から三十分ほどで現場に飛来することが可能だ。三浦を発見救出後、容態が悪いと分かって通報したのでは、ヘリ到着までの待機時間が長くなり、医療機関への搬送が遅れることになる。雪崩の発生した時間は午後三時過ぎ、日没が迫り、有視界飛行するヘリにとっては、通報が遅くなればなるほど飛行条件が悪くなる。通報をもっと早くにしておけばよかったと後悔するより、通報する必要がなかったと後悔する方がましである。

三浦の話を聞いて思うのは、エキスパート・スノーボーダーであったからこそ、雪崩に流されながらもスノーボードを巧みにコントロールすることが可能であり、最悪の埋没状況になることを回避できたのだろう。スノーボード、スキーを問わず、滑りのエキスパートになることも雪崩から命を守るためには重要なことである。

青森・岩木山　二〇〇二年一月十九日

スキーパトロール

山室英一（仮名・六十歳）、スキー歴四十年、スキー一級、青森県スキー連盟公認スキーパトロール、岩木山スキーパトロール隊員。松岡隆文（仮名・四十一歳）、スキー歴三十年、スキー指導員、全日本スキー連盟公認スキーパトロール。柳生晴彦（仮名・四十九歳）、スキー歴三十年、スキー一級、全日本スキー連盟公認スキーパトロール、岩木山スキーパトロール隊員。深田正幸（仮名・五十九歳）、スキー歴三十年、スキー一級。

松岡と柳生は山スキーヤー、山室と深田はテレマークスキーヤー、全員が全日本スキー連盟認定の一級スキーヤーと指導員の資格を持った上級スキーヤーであり、しかもうち三名がスキーパトロールという彼らは、二〇〇二年一月十九日午前十一時半ごろ、岩木山（一六二五メートル）八合目の通称〝鍋沢〟で表層雪崩を誘発、三名が流され山室、松岡の二名が死亡した。その日、彼らは雪崩の危険が大きいと判断して山越えのスキーツアーを中止したにもかかわらず、〝鍋沢〟では雪崩が起きないと思い込んでいた。雪崩講習会に参加したばかりの松岡のザックにはセルフレスキューに不可欠の雪崩ビーコン、ゾンデ、シャベルが入っていた。だが、雪崩ビーコンの電源は切られ、ほかの三人は雪崩ビーコンを持っていなかったのだ。迅速なセルフレスキューが行なえず、スキーパトロール隊員ら二名が死亡した。なぜ彼らは死ななければならなかったのだろうか。

津軽平野にそびえる青森県の最高峰岩木山は、リンゴ畑の向こうに成層火山である整った山容を見せている。山麓の人々は岩木山のことを「お山」と呼び、信仰登山が盛んだ。スキー場は南山麓に百沢《ひゃくざわ》スキー場、北山麓に鯵ケ沢スキー場の二つがある。雪国である津軽ではスキーはそれなりに盛んであるけれど、スキーとはスキー場に行って滑るものであり、わざわざ山に登り、しんどい思いをしてまで楽しもうとは地元の人は考えない。ましてや真冬に山に登ってスキーをするなんてよそ者の考え、地元の人間とは感覚が違うと受け取られている。岩木山のスキーの歴史は春スキーから始まっているため、津軽の人々が岩木山をスキーの対象と考えるのは、八合目（一二三八メートル）まで車で登れる岩木山スカイラインが開通し、シャトルバスが運行される四月十日から五月上旬までの春スキーの期間だけではないだろうか。

岩木山というのは山頂部分の南に鳥海山《とりうみ》、中央に岩木山、北に岩鬼山という三つの頂が集まっている。スカイラインの終点八合目からリフトに乗って鳥海山（一五〇二メートル）山頂まで行けば、山を越えて北の鰺ヶ沢に下る長平コース（全長一〇キロ）、東の弥生に下る弥生コース（全長七キロ）、南東の百沢に下る百沢コース（全長五・五キロ）へ、スキーで下ることができる。岩木山を越えないでスカイラインの入口がある山麓へと戻るならば、江戸時代から続く嶽温泉へ下る嶽コースA（全長四キロ）と嶽コースB（全長四キロ、標高差一〇〇〇メートル）の二つのスキーコースがある。豪雪地帯の津軽、富士山のような形をした岩木山であるから、当然、厳冬期に滑ればパウダースノーを満喫できておもしろい。一九八四年ごろから厳冬期の岩木山をスノーボーダーが滑るようになり、最近では山スキーヤー、テレマークスキーヤーたちも注目する山になってきている。

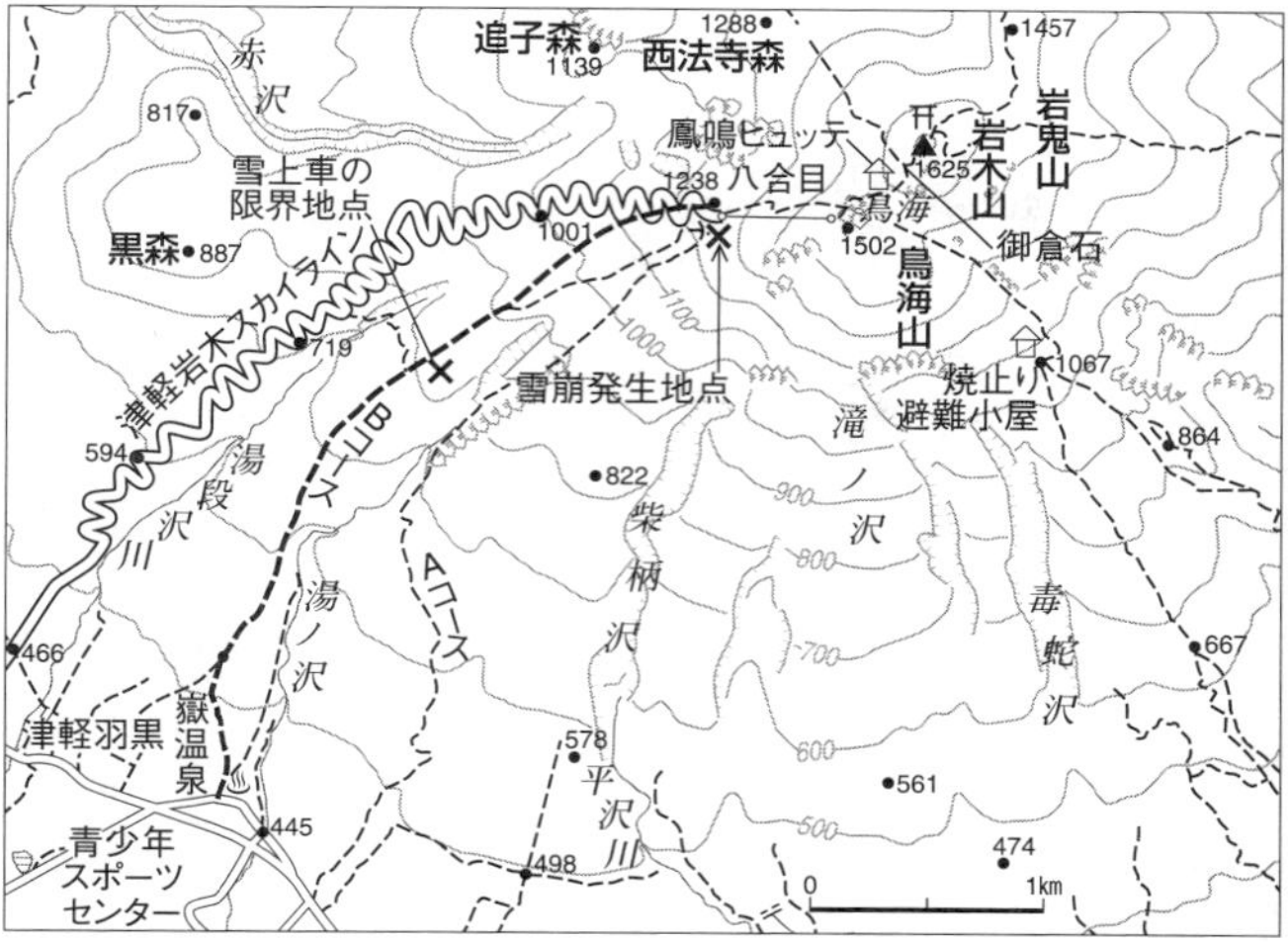

追子森
1139
1288
西法寺森
1457
赤沢
817
岩鬼山
鳳鳴ヒュッテ
岩木山
1625
雪上車の
限界地点
1238
八合目
鳥海
黒森
887
1001
1502
御倉石
鳥海山
津軽岩木スカイライン
1100
1000
719
Bコース
雪崩発生地点
焼止り
避難小屋
1067
594
湯段川
沢
滝ノ沢
864
822
900
柴柄沢
800
Aコース
湯ノ沢
毒蛇沢
466
700
667
津軽羽黒
嶽温泉
578
600
平沢川
561
445
500
青少年
スポーツ
センター
498
474
0
1km

鰺ヶ沢へ
岩木山麓環状道路
大鳴沢
長平コース
鰺ヶ沢スキー場
大石神社
赤倉沢
笹森山
673
西法寺森
岩鬼山
弥生コース
白沢
水無沢
追子森
1456
弥生
赤沢
1139
1288
岩木山
大黒沢
鳳鳴ヒュッテ
1625
黒森
887
焼止り避難小屋
嶽コースB
鳥海山
1502
百沢コース
湯段沢
湯ノ沢
嶽コースA
滝ノ沢
毒蛇沢
百沢スキー場
スカイライン入口
平沢
弘前へ
岩木山神社
嶽温泉
百沢

東京でサラリーマン生活をしていた岐阜出身の柳生が、一九八一年、スカイラインの入口にペンションを開業した。そのころの彼は、岩木山での春スキーの醍醐味が気に入って、山とスキーに夢中になっていた。柳生は夏に岩木山を登り、冬も岩木山に登って滑った。そんな柳生と共通の志向を持っていたのが山室だった。年齢が十歳も離れていた山室と柳生は、山スキーで意気投合した。

昭和四十年代後半に、岩木山の春スキーの安全対策として周辺市町村から資金を集め、岩木山スキーパトロール隊が発足していた。山室は創設のころから隊員だったので、柳生に隊員に加わるよう誘った。二人は率先して全日本スキー連盟公認スキーパトロール資格やアマチュア無線資格を取得して、隊員たちの技術レベルの向上を図っていった。現在の隊員の平均年齢は五十歳とすっかり高齢化してしまったが、隊員は四十名ほどいる。岩木山での雪崩事故を危惧していた二人は、五、六年前、北海道雪崩事故防止研究会の雪崩講習会に参加した。津軽に戻るとすぐに雪崩ビーコン三台とゾンデ三本をスキーパトロール隊で購入、学んできたことをほかの隊員たちにも伝えようとした。スキーパトロール隊の中で雪崩講習会を「やろう、やろう」と山室と柳生が言うものの数人が賛同するばかり、多くの者は雪崩に対し

雪崩事故の翌日、柳生のペンションから見た岩木山。雪上車で左手のスカイラインの尾根を登った。雪崩が発生したのは八合目にある爆裂火口跡の窪地

て無関心のままだった。スキーとはスキー場や春スキーのコースを滑るものとしか考えず、スキーコースでは雪崩は起きないと思っているからだ。

山とスキーに燃えていた柳生の情熱も、最近はいささか冷めてきている。山は二〇〇一年十一月に岩木山に登ったのが最後、この冬、スキーには一度も行っていない。今はペンションをやりながら自然学校の活動として中高年の無雪期の登山ガイド、子どもたちのキャンプなどの仕事が中心になってきたのだ。開業したころの山とスキーへの情熱を思い出すと、「宿屋のオヤジになりさがっている」と、自嘲して言う。

パウダースノーを追いかける山スキーヤーの松岡が八年前、春スキーの客として泊りに来た。彼もまた夏は山に登り、冬もスキーをするために山に登る人だった。松岡は岩木山をとても気に入り、冬と春、滑りに来るようになった。スキー指導員の資格を持っていた松岡は、柳生に勧められて全日本スキー連盟公認スキーパトロール資格を三年前に取得している。全日本スキー連盟公認スキーパトロール資格は、スキー場のスキーパトロールのための資格である。そのため山岳における知識や技術は重視されず、スキー場では雪崩は起きないという前提があるためか、雪崩の知識やレスキュー法は講習されない。松岡は、山形県でダム管理の仕事をしている。二〇〇〇年十二月二十七日、山形県の月山山麓にあるダム施設を点検していた作業員たちが雪崩に襲われ、三名が死亡するという事故が起きた。松岡は雪崩の知識と救助法を学ぶ必要があると感じていた。

日本雪氷学会主催の「第十二回雪崩の基礎技術講習会」が二〇〇二年一月十七、十八日の二日間、弘前大学と百沢スキー場を会場にして、東北地方で初めて開催されることになった。松岡はこの雪崩講習会に参加することを決め、十二月中旬、「柳生のペンションに四日間泊まりたい」と電話をかけてきた。そして雪崩講習会が終わったら二人で岩木山に雪上車で登り、鳥海山から百沢スキー場に下るスキーツアーをやろうと言うのだ。「やろう、やろう」と積極的な松岡に、柳生は消極的な態度で返事をした。すると松岡は、「何のために岩木山に引っ越してきたのですか。初心に戻って下さい」と言うのだった。

長野出身で志賀高原での勤務が長かったテレマークスキーの名手深田とは数年前に知り合い、山が何よりも好きな男だったので柳生と深田は友人となった。山スキーヤーだった山室は最近、テレマークスキーを習い始めている。

二〇〇二年一月十六日、松岡が山形県新庄市から柳生のペンションに到着、十七日は弘前大学での講義、十八日は百沢スキー場での講習を受け、二日間の日本雪氷学会の雪崩講習会が終わった。

一月中旬というのに数日間、雨が降った。その後は寒気が入り、二〇～三〇センチの積雪があった。柳生は、「雪が、ずれる状況にある」と判断、雪崩発生の危険が高いと思っていた。彼の考えはこうだ。「一度雨が降って固められた積雪層の上に新雪が降って弱層になっている。感覚的に雪の層はずれやすく、雪崩の危険がある」。鳥海山から百沢スキー場へ下降する急斜面は過去、幾度も雪崩が起きており、全層雪崩で山小屋が二回も破壊されたことがある。表層雪崩の跡も幾度か見ている雪崩の危険地帯だから、この雪の状況なら鳥海山の頂から百沢スキー場に下るのは危険だろう。コースを変えて下れば、なんとかなるかもしれないが……と、柳生は雪崩の危険を恐れた。

「山越えのツアーは止め、雪上車でBコースの途中まで上がってから八合目まで歩いて登り、春スキーの嶽Bコースを下ってくる計画に変更しよう」と松岡に言った。十八日のことだ。それに柳生はスキーに行くことが大儀で、山に行きたくなかったというのが正直な気分だったのである。一方、松岡は岩木山を滑りたくて仕方がない。その夜、深田から「山室さんはこの週末にテレマークスキーに行かねーかな？」と問い合わせの電話がかかってきた。柳生は、「明日、雪上車で山に上がるから一緒に行かないか。山室さんにも連絡してみるから」と誘った。山室に電話すると、「弘前でアルペンスキーの大会があって出場するから参加できない」と一旦は断ったが、しばらくしてから「やっぱり明日は山行きに参加する」と電話をかけてきた。

こうして一月十九日、山室、松岡、柳生、深田の四人が岩木山へ出かけることになったのである。

油断

松岡は朝早くから起き出して空模様を気にする。柳生はこの二シーズン、スキーに対して意欲が湧かず全然滑っていない。スキー靴を履くのさえ大儀だと思うほどで、「年だな」と松岡に言われた。「大儀だ、大儀だ、行きたくないよ。一人で行ってこいよ」と言う柳生に「ダメだよ、岩木山に行かないと……」とはっぱをかける松岡。そんなやり取りをそばで聞いていた柳生の妻は、「そういう気分のときは、事故の元になるから気をつけなさい」と言った。

天気は曇り、八合目付近から上はガスで見えたり見えなかったりする。天気が回復しないので、山越えをして百沢スキー場に下る計画は中止と柳生は最終判断を下した。山越えせずに滑り慣れた嶽Bコースを下るだけなら、雪崩の危険はまったくないと気軽に考えていた柳生は、ザックに入れておいた雪崩ビーコン、ゾンデを取り出し、置いていくことにした。松岡には「雪崩ビーコン、ゾンデ、シャベルはいらない」と言ったので、食料と飲み物だけをザックに入れたと思っていた。

午前九時前、山室が夫人を伴ってやって来た。山室たちが山に行っている間、夫人は温泉に入って待っているという。まもなく深田も到着する。スキーを準備し荷物を整え、六人乗りの小型雪上車の到着を待った。この雪上車に乗るのは深田は初めて、山室、松岡、柳生は昨年、経験している。松岡は自分のホームページに載せたいと雪上車と並んで記念写真を撮影し、山室はビデオカメラを構えて出発の様子を写していた。午前九時二十分に柳生のペンション前を出発、嶽Bコースを雪上車が登れる限界である五十番標識（標高八〇〇メートル付近）には、四十分ほどで到着した。

松岡と深田はスキーにシールを付け、山室と柳生はスキー靴にスノーシューを履いて歩き出した。気温は少し高めで暖かく、雪はやや湿雪だ。松岡がトップを登っていく。スキーのトレースをたどってもスノーシューはずいぶんぬかって歩くのが大変だ。山室と柳生は松岡と深田にだんだん遅れ、しかも山室と柳生はこのところ運動不足だったため休憩する回数が多くなった。積雪は例年の半分、林間で一五〇センチほどしかない。いつもならスカイライン道路の法面を直登できるのに、雪がついていないため道路を忠実に歩くしかなかった。「雪が少ないなあ」と岩木山の冬をよく知る彼らは驚いた。津軽では十二月にどかどかっと雪が降ったものの、その後はちょろちょろ程度にしか降っていない。スカイラインの終点、八合目にあるリフト乗り場に近い六十五番の標識で、松岡と深田が遅れた二人を待っていた。リフト乗り場へ行くと、いつもなら雪に埋まっているリフト小屋周辺に雪がまったくなかった。

「雪がないよ。どうしたんだ」

と驚きの声があがった。標高はすでに岩木山の樹林限界を超えている。例年ならここからアイゼンに替えて山頂を目指すのだが、付近のダケカンバの灌木は雪に埋まらず、強風に叩かれて固い風成雪になる斜面は柔らかな雪のままだった。リフト乗り場の右手（東側）にすり鉢状の地形となった爆裂火口の跡があり、鍋沢と呼ばれている。尾根上から鍋沢の源頭に入り込み、ちょっと滑ってから六十五番標識がある尾根上に出て嶽Bコースを下る。すり鉢状地形の手前側（北側）には雪庇が張り出しているため、リフト乗り場から一五メートルほど登った雪庇のない所から鍋沢に滑り込み、源頭をトラバースして向こう側の斜面まで移動、ここから六十五番標識へ真っ直ぐ滑っていく。柳生は、滑るコースをこのように想定したのである。

鍋沢の源頭、すり鉢状の地形は風下斜面。その証拠に手前側（北側）には雪庇が張り出している。しかも日射の影響を受けるため「霜ざらめ」ができやすい南向き斜面だ。上載積雪が増加されやすい条件、弱層が形成されやすい条件を満たしている雪崩危険斜面なのだった。ところが柳生が雪崩の危険を意識して山越えのツアーを中止したにもかかわらず、ここでの雪崩の危険性をまったく意識していなかった。

なぜか。

岩木山に慣れ親しんでいる彼らは、いつも鍋沢源頭からスタートして嶽Bコース

リフト小屋の少し上から爆裂火口跡の斜面をトラバース、日陰になっている付近からスタートして、左斜め下から始まる春スキーコースBを滑ろうとした

を滑降している。そこが風下の吹き溜り斜面であることは知っている。小さな表層雪崩の跡を見たこともある。だが大きな雪崩の跡は見たこともなく、そこは雪崩の起きない場所と思い込んでいたのだ。柳生が気がかりだったのは雪崩より雪庇だ。だから斜面をトラバースして、なるべく向こう側へ移動して雪庇から離れる。「一番向こう側へ逃げちゃって沢底を巻いていこう」、そうすれば雪庇の崩壊の危険を避けることができるだろう。四人はスキーの上級者ばかり、ちょっと斜面を横切るだけだ。もし雪崩に遭遇しても素早く逃げて雪崩をかわせると内心思っていたのだろう。彼らには、何かあってもリカバリーはできるという自信があったはずだ。

「なぜ、雪崩にやられたのか」という私の問いかけに柳生は、「四人は油断していた。油断、それしかない」と言い切るのだった。

雪崩発生

松岡と深田がシールをはずして、山室と柳生が来るのを待っていた。スノーシューを脱いで山室と柳生がスキーを履く準備をする。

「飯、どうする？　時間もあるし、下りてから食おうか」

柳生のペンションを出発して二時間、まだ十一時二十分過ぎだ。待っていた深田が小用を足しにリフト小屋の陰に行っているとき、松岡が先頭を切って下降地点へと向かった。スキーを履き終わった山室がその後をついていく。柳生は、もたもたしてまだスキーの準備ができていない。深田も松岡の後を追った。

鍋沢の下降地点に立った山室と松岡の会話が柳生に聞こえてきた。

「すげー雪が少ない」

「雪庇が尖っているぞ」

二人の会話を聞いた柳生がすかさず、

「向こう側に逃げろ」

と叫び、鍋沢源頭の向こう側のダケカンバの灌木が生えている斜面にトラバースして、沢筋の〝底〟を避けるように指示を出した。向こう側の斜面はいつもなら風成雪となって固いはずなのだ。

柳生が下降地点へ着く前に、ビデオカメラを手にした山室が鍋沢へと滑り込んだ。先に行き、みんなの滑る姿をビデオカメラで撮影するつもりだったのだろう。少し間隔を取って深田も山室と同じトレースを使って滑り込む。山室が斜滑降して二〇

～三〇メートル進んだとき転んだ。行く手をふさがれた松岡が山室のすぐ後ろで止まり、山室が立ち上がろうとしているとき深田がスタートした。

本来なら山室が向こう側の斜面にまで辿り着いてから松岡がスタート、というように間隔をあけて滑るのが正しい滑り方だ。松岡には早く滑りたいというはやる気持ちがあったのかもしれない。まるで春スキーの感覚しか彼らにはなく、間隔をあけることなく次々と滑り、雪崩より雪庇の危険に意識が集中していた。

柳生が下降地点に立ったとき、

「ゴー」

という鈍い音が聞こえてきた。トレース上部の斜面全体が厚さ五〇センチの一枚の板となってずれるようにして雪崩てきたのだ。山室と松岡のいた足元から雪崩たのではなく、斜面全体がいっせいに動き出していた。

「あっ雪崩だ！　流されるぞ。雪に乗れ、乗れ、乗れー」

柳生が必死になって叫んだ。とっさに叫んだ言葉「雪に乗れ」とは、雪崩の流れに乗って浮くようにしろとの意味だった。立ち上がろうとした山室に雪が覆い被さるように襲って姿が消え、松岡と深田が雪に乗って立ったまま流されていくのが見えた。

「転んでいる山室が一番危ない」

と瞬間的に柳生は思った。

一枚の板だった雪面が小さな雪のブロックとなって粉々に砕け、雪煙を上げると、松岡と深田の姿も柳生の眼から消えた。

デブリ末端

一気にザーッと流れて幅五〇メートル、長さ一〇〇メートルの雪崩は止まった。わずか数十秒の出来事だった。雪崩の規模としては小さい。「大丈夫かな」という思いが柳生にあったが、山室の姿が見えない。松岡の姿も見えない。デブリの先端付近に七〇メートル流された深田が膝まで埋まって立っている姿だけが見えた。

「雪崩にやられた。どうすればいいんだ。山室と松岡を探さなくては……。深田にケガはないのだろうか」

瞬時にさまざまなことが柳生の頭の中を駆け抜ける。スキーを脱ぎツボ足になった柳生は、深田の所に駆け下った。雪の板に腰かけるように流された深田は、フォールラインに向かいスキーをするような状態で立ったまま膝まで埋まりケガはなかった。脱出は深田本人にまかせ、柳生は「緊急パトロール」を開始した。

山室と松岡が埋没している可能性があるのは、深田が埋まっていた所より前側(東側)、そして上部のデブリ範囲だと考えた。雪面に口を近づけた柳生は、山室と松岡の名前を叫ぶと耳を澄ましてデブリ斜面上部へ登っていった。雪崩に埋没した二人に意識があり、柳生のコールが聞こえ、反応して叫ぶことができれば埋没者の声が聞こえるはずだ。雪崩ビーコンがない場合のセルフレスキューの方法として最初に行なわれた「緊急パトロール」、山室と松岡から反応はまったくなかった。遺留品として松岡のスキー一本がダケカンバの枝に引っかかっていたのを発見しただけ、その周辺で重点的にコールをかけてみたが反応はない。捜索を開始したとき、ザックは深田の所に置いてきたため、シャベルを取りに下って登り直すと、ダケカンバ周辺を掘り起こした。ひょっとして松岡が埋まっているかもしれないと思ったのだ。このとき、捜索をするときに必要な装備は絶対に携行するという原則、遺留品より重たい人間はそれより下方に埋没する原則を、柳生は忘れていた。遺留品である松岡のスキーを発見した場所にこだわって捜索が行われていくのである。埋没の可能性が高いのはデブリ端末なのだ。

コンクリートで足を圧縮され、固められたように埋まっていた深田が、ようやく脱出できた。再び深田の所に戻った柳生は、午前十一時三十四分、妻に携帯電話をかけ、雪崩の発生と山室と松岡の行方不明を警察に通報し、救助要請をするように言った。そして小型雪上車のオペレーター、岩木山のことを良く知った人間がそろっている近くの温泉宿Rの主人に救援を求めるように頼んだ。

深田にも緊急パトロールのコールをさせ、二人は埋没可能性の高いデブリ範囲を登っては下ることを繰り返した。やはり反応がなかったので、ストックのリングをはずしてゾンデ捜索を始めた。柳生はゾンデを置いてきたことを悔やみ、「ゾンデがほしい。捜索の人がほしい」と思った。

二回目の電話を妻にかけた。

「山室と松岡は見つからない。ゾンデとシャベルを早く上げてくれ。救助隊はどうなっている？　早く救助隊を上げてくれ」

何度か登り下りを繰り返しているうちに上部はデブリが薄く、下部のデブリは一三〇センチほどもあって厚いことに気がついた。「下の方に埋まっているのではないか」と柳生が深田に問いかけ、下方へと捜索範囲を移動する。

「いた。ここに間違いない」

深田もストックを刺してみた。

「いた、いた」

深田が埋まった場所から二〇メートルほど斜め上だった。柳生が持っていたライフリンクの樹脂製のシャベル一本しかないので、二人は交代しながら必死に掘ったが、なかなか体は現われない。やっと腕らしきものの一部が現われ、掘り続けると毛糸の手袋が出てきた。柳生は松岡を発見したのだと錯覚し、妻へ「松岡を見つけた」と電話した。柳生は、雪崩に山室と松岡が埋没して行方不明になった事態に混乱をきたしていたのだろう。見つけたのは松岡ではなく山室だった。頭の位置の見当をつけ必死に掘る。掘っても掘っても、腕しか出てこない。腕に生きている人間の反応はない。ブレードが小さな樹脂製のシャベルではデブリを掘る効率が悪く、時間がかかった。金属製のブレードの大きなシャベルの方が役に立つのだった。白くなった山室の顔が現われた。全身を掘り出さなければ救出できない。そのとき救助隊の最初の一人、大口（仮名）が到着した。午後一時半、雪崩発生からすでに一時間五十分が経過していた。

低体温症

大口は岩木山リフトでリフト係や雪上車のオペレーターとして八年間働いていたので岩木山のことに詳しい。今は温泉宿Rの調理師として働いている。主人から「雪崩で二人巻き込まれた。応援に行ってほしい」と言われ、仕事着に薄っぺらなジャンパーを羽織り、長靴を履いて調理場を出た。温泉宿の従業員二人と大口の三人は除雪スコップを持ち、岩木山スキーパトロール隊の装備置き場に行くと三本しかないゾンデを探し出し、小型雪上車が待つ柳生のペンションへ行った。連絡を受けてから三十分、三人を乗せた小型雪上車はエンジンをふかし、全速力で嶽Bコースを登り出した。

二人が雪崩に巻き込まれたリフト乗り場横の斜面のことを大口はよく知っていた。今のような厳冬期のことは知らないが、春スキーのころ、小さい雪崩が起きているのはときどき見ていたし、西風で雪庇ができやすく吹き溜りとなる沢型の地形、雪崩が起きてもおかしくはない警戒すべき場所だと思っていた。

全速力で走り続けた小型雪上車は、標高六五〇メートルでオーバーヒートしてしまい動けなくなった。カンジキを履いて一〇〇メートルほど登ると、岩木山スキーパトロール隊のスノーモービルが一台追いついたのでこれに乗り、標高八二〇メートル、今朝、柳生たちを送って雪上車が登った地点まで登った。そこからは歩いて登るしかない。スノーモービルは大口を下ろすと引き返し、ほかの二人を順番に乗せては登った。大口が現場に着くと、柳生と深田が山室を掘り出そうとしていた。大口もシャベルで掘り、山室の全身を掘り出すのに十五分ほどかかった。

山室は頭を山側、足を谷側にして上向きに埋まっていた。ストックは二本とも手に付いていたが、スキーは二本とも外れている。顔色は白く、少し開けていた口の中には雪がいっぱい入っていた。山室の名前を叫んでも、体を揺さぶり顔をさすっても反応は何もない。すでに山室が雪崩に埋没して一時間半が経過していた。手首で脈を取れず、呼吸もしていなかった。

雪の中に二、三十分以上埋没した者は、間違いなく低体温症になっている。低体温症になった者の体を揺さぶる、さするなど激しい刺激を与え、体の末端に滞留した冷たい血液を心臓に送り込むような行為は、救助死（レスキューデス）を招く原

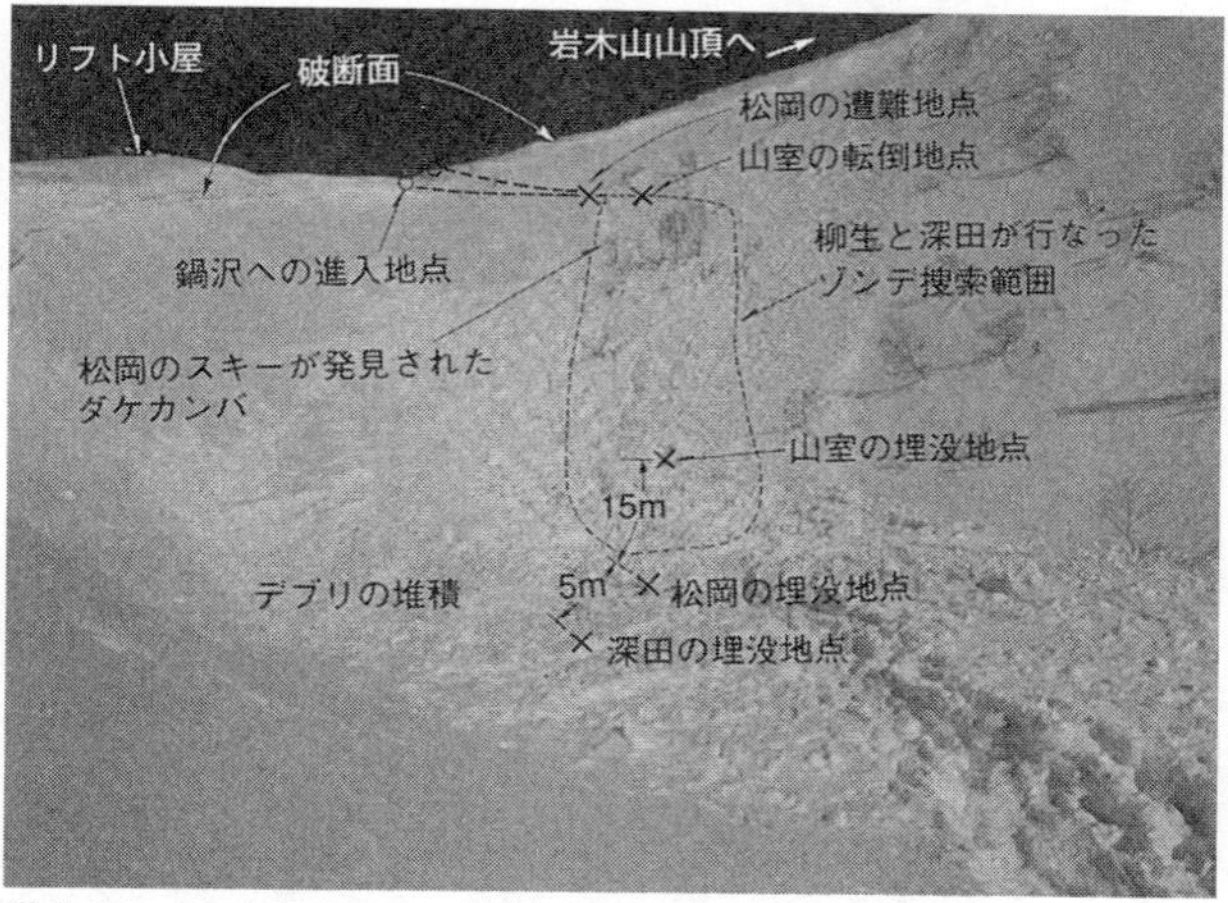

灌木が５、６本生えている場所の上で３人は雪崩に遭遇した。ぐずぐずとある厚みをもった層が崩れた破断面は、あられが弱層となった特徴を示している

因となる。また低体温症の場合、脈拍数は著しく低下するため手首では脈が取れない。呼吸数も同様に低下して、一分間に一回とか二回になる。埋没者を掘り出したときの取り扱い、呼吸と脈の確認は、低体温症を考慮して慎重に行なわなければならない。柳生は、講習会で習ったはずの低体温症のことを忘れていたのだった。

温泉宿の救助隊二人、スキーパトロール隊員二人が遅れて現場に到着した。大口たちが持ってきたゾンデ三本とリングをはずしたストック二本を使い、スキーパトロール隊員が五人を指揮して、ゾンデ捜索を開始する。最初は山室が埋まっていた周辺をゾンデ捜索、次に松岡のスキーがあったダケカンバの灌木周辺を捜索した。柳生は一人で山室の心肺蘇生（人工呼吸）を続けている。青森県警航空隊のヘリと思われる爆音が聞こえ、雲の合間にときどき機体が見えたが、視界が悪く着陸もホバリングもできない。発見した山室をヘリで病院へ搬送することは諦めねばならず、後続の救助隊の到着を待つしかなかった。

デブリ範囲の上部を捜索していた五人は、ようやくデブリ末端へと移動する。大口が雪とは違う弾力ある感覚をゾンデで捕えた。もしかしたら松岡ではないかと思った大口は、ゾンデをデブリから抜いて、みんなを呼び集めた。ほかの者たちがゾンデを刺してみたが、誰もゾンデで松岡を当てることができず、「違う」と離れていった。ゾンデ感覚を捕えたとき、ゾンデはデブリに刺したままにしておき、別のゾンデで捜索すればこのような事態は避けられただろう。このとき大口のゾンデは松岡の足に当たっていたのだ。

ほかの者たちは別の場所でゾンデ捜索を再開したが、大口は納得がいかず、何度も何度もゾンデを刺してみた。

再び大口のゾンデは松岡を捕えた。今度はゾンデを刺したままにしてシャベルでそこを掘ってみると、松岡の足を見つけた。みんなを呼び集め、五人で松岡を掘り出す。松岡は深田が埋まっていた五メートルほど斜め上で発見されたのだった。雪崩発生から約三時間後の午後二時半ごろのことだ。松岡は頭を谷側にし、両腕を交差するような格好で横向きに埋まっていた。ダケカンバの灌木に当たったために額にはすり傷があった。

山室の心肺蘇生をスキーパトロール隊員と交代した柳生が、松岡のもとに駆けつけた。顔は白いものの体温の温もりは感じられた。柳生には松岡が冷たい体、死体になっているとは到底思えない。鼻水を流し、口から泡のような涎《よだれ》がだらだらと垂れている。松岡の顔をきれいに拭いた柳生は、人工呼吸（マウス・ツー・マウス）を始めた。

大口も松岡の手首で脈をとってみたが何もない。口に顔を近づけても松岡の呼吸は感じられない。大口は、山室と同じように松岡が助かるとは到底思えなかった。

人工呼吸をすると松岡の口から血の混じった液体がとめどなく流れ出す。口の中の液体をハンカチで拭いとるが、流れは止まらない。

「手の施しようがない」と、柳生は悔しさを噛みしめるしかなかったのだ。

来るはずの後続の救助隊はなかなか到着しなかった。雪の上に寝かせて心肺蘇生を受ける山室と松岡を寒さから守ってやらなければならない。松岡のザックを開くと、几帳面な彼らしく装備が整然と収まっていた。ゾンデもシャベルも入っていた。雪崩ビーコンは体につけていなかったから、きっとザックのどこかにしまっていたのだろう。山越えは中止したからいらないと言っておいたはずなのに、松岡はすべての装備をザックに入れていた。ザックから取り出したレスキューシートで山室を包み、ツエルトを松岡に掛けた。

時間との競争

救助要請の通報が午前十一時三十四分、一番最初の救助隊員、大口が現場に到着したのが二時間後の午後一時半。それから二時間が過ぎ、午後三時半というのに、搬送用のスノーボートが上がってこない。岩木山で山岳遭難が発生すれば弘前警察署地域課の地域官が指揮者となり、青森山岳遭難防止対策協議会（略称・山遭協）の登山経験者、岩木山スキーパトロール隊、消防団の協力を得て救助隊が編成される。地域官は、自ら「山の素人ですよ」と言うように山岳経験、知識を持ち合わせていないため、地元の山遭協のいわゆる〝山のベテラン〟といわれる人たちの協力が不可欠になる。

ヘリは視界が悪くて使えないため、救助隊指揮者は隊員を雪上車やスノーモービルなどの輸送車両で搬送することばかりにこだわった。しかも本業をほかに抱えている山遭協、スキーパトロール隊員、消防団員たちを招集するのに時間がかかった。最初の救助隊三名を嶽Bコースを登れる雪上車は六人乗りの小型雪上車一台だけ。最初の救助隊三名を運んだときにオーバーヒートして故障、使えなくなった。午後二時半に出発したスノーモービル隊は「雪が深くて先に進めない」と、午後三時五分に無線連絡を救助本部に入れる。災害出動を要請された第九師団の雪上車がスノーモービル隊とコースを代えて午後三時に出発。百沢スキー場の圧雪車をトレーラーでスカイライン入口へと輸送の手配をしている。

雪崩に埋没した行方不明者の捜索は時間との競争である。時間が経てば経つほど、生存救出の可能性は少なくなるのだ。当然のことだが、救助する人間が遭難現場にたどり着かないことには救助など行なえない。当然であるべき二つの原則の実行に救助隊は手間取ってしまったのだ。

日没が迫る午後四時過ぎ、消防団の二人が、深いラッセルにもめげず徒歩でスノーボートを運んできた。ただちに状況が悪い松岡をスノーボートに収容する。そこへもう一人がブルーシートを持って到着した。スキーパトロール隊にはスノーボートが一台しかないため、ブルーシートに包んで搬送するためだった。二人の搬送準備が終わったとき、やっとスノーモービル隊の十五人が到着した。

スノーモービル隊はスキーや荷物を搬送してスカイラインを下ることになり、柳生と深田、救助隊員ら八名が人工呼吸を続けながら、山室と松岡を嶽Bコースを下って搬送した。日が暮れるころ、五十番標識に到着する。ここで上がってきた百沢スキー場の圧雪車に二人を乗せて、スカイライン入口へと下山した。山室と松岡は救急車で病院へ収容され、医者が死亡を宣告したのだった。

岩木山の雪崩事故を心配して、スキーパトロール隊の雪崩知識と装備を充実させ救助体制を整えたいと行動していた柳生、まさか自分が雪崩事故の当事者になろうとは思ってもいなかった。柳生と深田は山室の葬儀に参列し、新庄市で行なわれた松岡の葬儀にも参列した。松岡の父親は、頭を下げて謝る柳生に「ここまでの命だったんですよ」と慰め、責めることはなかった。

だが、立ち上がろうとした山室に雪が覆い被さるように襲って姿が消えた瞬間と、流される松岡が雪煙に消えた情景を忘れることができない。山室と松岡を助けられなかったことを悔やみ、ふがいない自分を責めてしまう柳生は家に閉じこもってふさぎ込んだ。彼らが体験した岩木山の雪崩事故のことを多くの人に伝え、少しでも雪崩事故をなくしていくこと、それが生き残った柳生にできる山室と松岡への供養だと思っている。このときから柳生は山が怖くて臆病になった。四月にガイドの仕事で岩木山に登る予定だったが、仕事を断った。しばらくは冬にスキーをしたくない。一月十九日の命日に雪崩現場に行くだろうが、スキーは置いて行くだろう。雪崩に遭わないためにはどうすればよいのだろうと考えても、「総合的に雪崩の危険を判断する。経験してきた勘しかない」という、この事故を体験する前と変わらぬ答えしか浮かばず、新しい答えは見つけられないでいる。

あられの弱層

この雪崩事故が発生する前日の一月十八日、日本雪氷学会主催の雪崩講習会が百沢スキー場で行なわれた。弱層テスト（ハンドテスト）では、新雪層の中に肘を曲げて手前に引くと、ずれて剪断《せんだん》する弱層が認められた。その弱層は雪面から三〇〜四〇センチ下にあり、それほど明瞭な層構造とはなっていなかったが、新雪の中にあられが認められたという。

一月十七日、弘前市内であられが降っている。事故現場は雪庇が発達していることから風下斜面であり、吹き溜りが生じる。弱層の上に積もった上載積雪が、ほかの斜面より多かったはずだ。

講師を務めた新潟大学積雪地域災害センターの和泉薫助教授は、雪崩の発生原因について、「雪崩事故直後、現場において積雪断面調査を行なっていないためデータ不足ではあるが、雪崩の原因となった弱層は、あられ」と推測している。

事故直後の現場写真から、次のことが判断できるという。

ぐずぐずとある厚みを持った層が崩れた雪崩であり、雪崩の滑り面はきれいな平滑面となっていない。

このような滑り面となるのは、あられが弱層となった場合が考えられる。しかも、あられ以外の弱層、霜ざらめ雪や表面霜、雲粒《うんりゅう》なしの降雪結晶の弱層が形成されるような気象条件が、雪崩事故前には観測されていない。これらの理由から、「雪崩の原因となった弱層は、あられ」と推測できるのである。

和泉薫助教授は、最近の地球温暖化現象による暖冬傾向によって厳冬期にあられが降りやすいために、雪崩の原因として「あられの弱層」を注目すべきだと警告している。昔に比べて寒気が長続きせず、寒暖の差が非常に激しい気象状況が厳冬期に出現するようになっている。そのため短期間に寒気が進入し、大気の対流現象が起きてあられが降りやすい。このような気象状況は、初冬の北陸や日本海側の特徴的な天候であった。今までの冬とは明らかに天候は違っている。

「今までは、あられと新雪が入り混じって降るものだと思っていました。最近、あられだけで五センチの層となっている例が、山形県新庄市で観測されています。これには驚かされています」と、長年にわたって積雪を観察している和泉助教授は語っている。

気温が上昇して暖かくなった後に寒気が急に入り、寒暖の差が激しくなるとき、大気の対流現象が起きてあられが降る。

このような気象状況のあとでは、あられが弱層となる雪崩に気をつけなければならない。剱岳早月尾根の雪崩の原因も、まさしくあられの弱層。正月にあられが降るなどとは、かつての剱岳では考えられなかった天候なのである。

この岩木山の雪崩事故から、以下のような教訓が得られる。

①「雪崩は起きない」と思っていた所で雪崩は起きる。
②弱層テストを行なって積雪の状態を把握する。
③ひとりひとり、間隔をおいて滑降する。
④セルフレスキューには雪崩ビーコンは不可欠である。

⑤埋没可能性区域を正しく推測する。
⑥ゾンデで人の感覚を捕えたとき、深さを確認する。そのゾンデは刺したままにして、ほかのゾンデで確認作業を行なう。
⑦雪崩講習会に参加しても雪崩事故は防げない。
⑧地域の山岳救助隊の体制を整える。

雪崩の危険を意識して岩木山山頂を越えるスキーツアーを中止しておきながら、「滑り慣れた春スキーコースは安全、雪崩は起きない」と思って、雪崩ビーコン、ゾンデ、シャベルをペンションに置いていったことが、何と言っても悔やまれる。「雪崩が起きる可能性がある」と考え、セルフレスキューのための三種の神器を持っていけば、二人は死ななかっただろう。生存可能性が高い十五分以内の発見救出には、雪崩ビーコンが不可欠なのである。

彼らは雪庇の危険に気をとられ、雪崩の危険を軽視した。滑る前に弱層テストをしていたら、あられの弱層の存在に気がついただろう。柳生と山室は、私たち北海道雪崩事故防止研究会の雪崩講習会に参加し、松岡は日本雪氷学会の雪崩講習会に参加したばかりだった。弱層テストの方法は知っていたのに実行することができなかった。残念なことである。

山室が転倒したために、後続の松岡、深田が前をふさがれて三人が狭い範囲に集中している。もし山室が斜面のトラバースを終えるまで、次の滑走者が待っていれば、上載荷重の集中は避けられた。雪崩の危険が高い斜面の滑走では、間隔をおき、雪崩の危険回避の行動をとらなければならない。

雪崩事故の現場に残った者たちは、遭難者が見えなくなった場所（消失点）や遺留品が発見された場所にこだわって捜索する傾向が強い。しかし実際は、消失点や遺留品より下方のデブリ末端に埋没している可能性が高い。冷静に、的確に埋没可能性地域を推測することが非常に重要である。

雪崩事故の救助は時間との競争である。埋没してから一時間を経過すると生存率は、二六パーセントに低下する。遭難の当事者たちがセルフレスキューを実行したとしても、医療機関に搬送できなければ生存救出は望めない。救助隊がいかに迅速に遭難現場に到着できるかが重要になってくる。岩木山周辺地域の人々は、どのような救助体制を必要と考えるのだろうか。弘前警察署には、雪崩対策の装備である雪崩ビーコン、ゾンデ、シャベルが備えられている。これらを活用して救助訓練を行ない、地域の救助体制の整備を望みたい。

一方では、雪崩教育を行なう者として考えさせられる事故であった。効果的な教育が行なえる講習内容、講習の方法の工夫をしなければならない。雪崩発生メカニズムをさらに理解させ、「弱層テストを実行しよう」、「雪崩のことをもっと知ろう」と思わせる講習へと改善の努力をする必要性を痛感した。それが岩木山雪崩事故の、私にとって最大の教訓である。

八幡平・源太ヶ岳　二〇〇二年一月十三日

ベテラン登山家と初心者学生

もし、山好きの同僚と学生がいなければ、高木辰雄（仮名、五十五歳）教授は、とても寂しい大学生活を強いられていたことだろう。東北大学に在学中は、年間百二十日も山に行くほど登山に熱中していたし、北海道大学の医学部に入り直して学んだ六年間も年間六十日は山に行き、なおかつ登山と山スキーへの情熱は衰えることはまったくなかった。東北と北海道というスキーに親しめる雪国で過ごした学生生活、冬山の登山といえばスキーを積極的に活用することが当たり前のことだった。

岩手県盛岡市にある医大の教授になった高木は、山岳部の顧問教官、部長に就任した。高木は学生時代とまったく同様、スキーにシールを付けラッセルして雪山に登ることも、雪煙を上げて新雪を滑降することもこよなく愛して、学生たちと山へ行き続けた。

医学部は学業が忙しすぎるためか、あるいは登山そのものの人気が凋落したためか、山岳部に入る学生が減り、活動が低調になっていた。もちろん登山が趣味と言えるような同僚教官も少なかった。十年前に山とスキーが趣味だと言う青木安男（仮名、三十八歳）が講師として着任したとき、高木は山仲間ができたことを喜んだに違いない。着任早々、「山へ行こう」と誘われた青木が、高木に連れられて初めて登った山が八幡平の源太ヶ岳だった。源太ヶ岳は、岩手山から八幡平へ至る裏岩手山稜と呼ばれる山並みの中間に位置し、笹原とアオモリトドマツに覆われた緩やかな山容が絶好の山スキーゲレンデとなる山だった。

山岳部の部員として名を連ねる学生は二十名ほどいるが、実際活動しているのは五、六名しかいない。海外登山が学生たちの夢として語られるようなことはとうの昔になくなっている。高木は五年前に部長を退いたが、山岳部の学生たちと一緒に山に行くことは続けていた。二年前、「本気で山をやりたい」という北海道旭川出身の学生坂口眞三郎（仮名、二十四歳）が入部してきた。坂口は登山が大好きな父親に連れられて、中学生のときから山スキーをしていたという。登山経験がなかった福岡出身の高倉徹（仮名、二十七歳）は、岩登りをやりたいと山岳部に入部してきた。雪とは縁遠い福岡に生まれ育った高倉は、スノーボードを始めたので冬山に登り、雪山を滑降したいと望み出した。

二〇〇一年十二月初旬、教官である高木と青木、学生の坂口、高倉たちは、正月が過ぎれば山行を出そうと計画し、坂口が提案した源太ヶ岳へ行くことになる。高倉は山スキーなどしたこともなく、シールを付けて登ること、ラッセルをすることも未経験、道具も持っていなかった。山岳部の忘年会の席上、高木教授は高倉に自分が使っている山スキー道具一式を譲り、源太ヶ岳に行くまでに山スキーの手ほどきをすることを約束した。「自分の道具をやるとは、よほど高倉を高木教授は見込んだに違いない」と青木は、微笑ましく思いながら二人の会話を聞いていた。熱心に山スキーを楽しむ高木と青木、北海道旭川出身でスキーがうまい二年生部員の坂口、さらに三年生部員の高倉が山スキーができるようになれば冬山山行がおもしろくなる。約束どおり山スキーの道具を高倉に与えた高木は、十二月三十日、盛岡市郊外の丘陵で山スキーの手ほどきをしたのだった。

年が明けた一月十三日、十四日の二日間の日程で、松川温泉から入山して源太ヶ岳を越え、避難小屋の大深山荘に宿泊、翌日、同じルートを松川温泉に下山すると

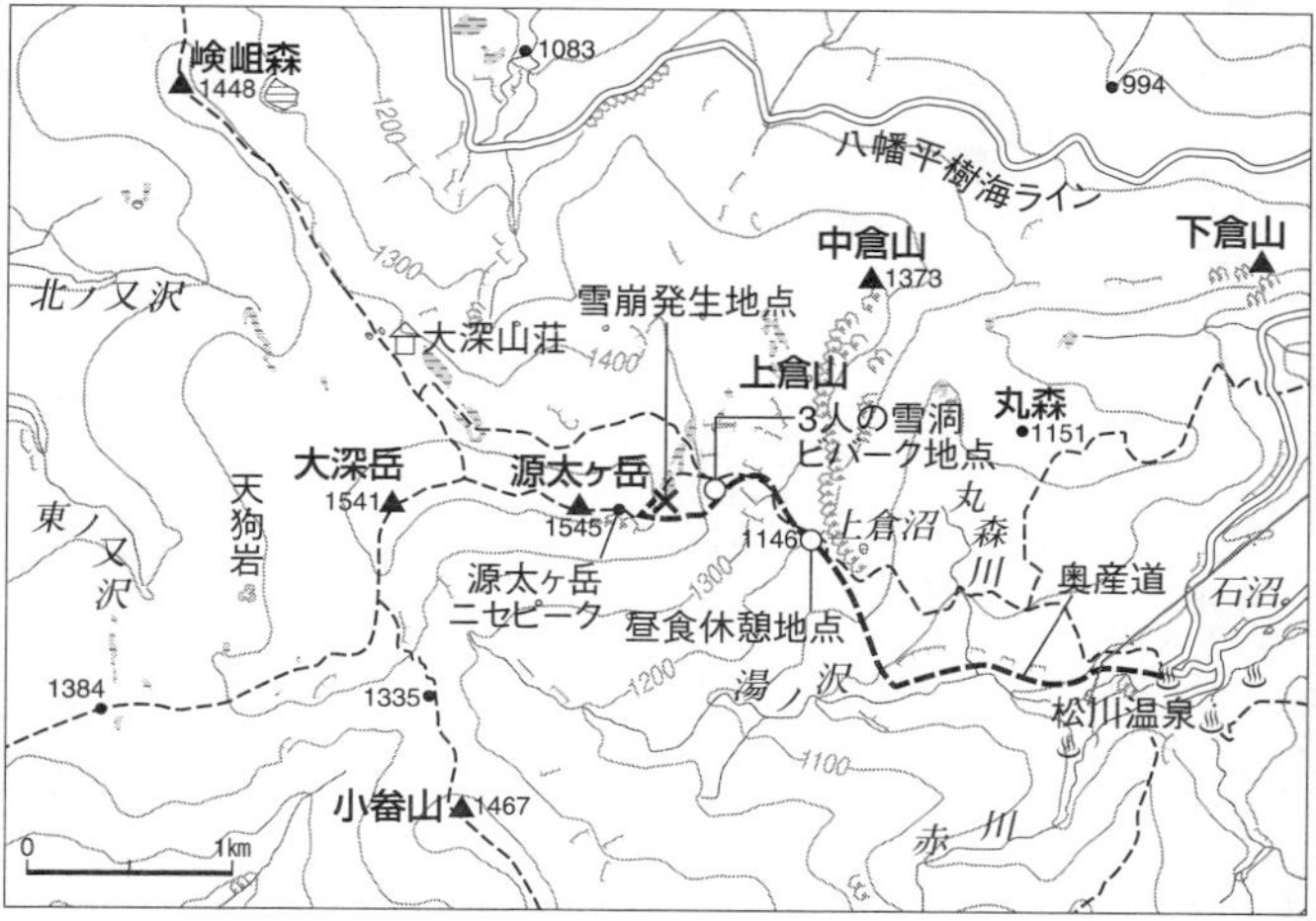
嶮岨森
1448
1083
994
1200
八幡平樹海ライン
1300
中倉山
1373
下倉山
北ノ又沢
雪崩発生地点
大深山荘
1400
上倉山
3人の雪洞
ビバーク地点
丸森
1151
大深岳
1541
源太ヶ岳
1545
天狗岩
東ノ又沢
1146
上倉沼
丸森川
奥産道
石沼
源太ヶ岳
ニセピーク
昼食休憩地点
湯ノ沢
松川温泉
1384
1335
1100
小畚山
1467
赤川
0
1km

いう山行計画が決まった。大深山荘は顕著な目標となるものがないだだっ広い湿原の一画にある小屋で、視界が悪いときは見つけづらい。冬季に大深山荘に行くなら源太ヶ岳頂上を乗越して大深岳方向へ行き、途中から真北にコンパスを切って進むルートが一般的だが、もし稜線上が地吹雪となって視界不良となれば、源太ヶ岳頂上を越えて行くのは難しく、頂上手前の東斜面に雪洞を掘って泊まった方が安全だ。東北の山々をフィールドにする彼らの山岳部では、雪洞泊まりはしごく普通に用いられる宿泊方法であった。

山行の数日前になって高木教授は、日曜日には小学生の娘と一緒にゲレンデスキーに行く約束をしたため、源太ヶ岳の山行は日帰り参加にすると予定を変更した。高木一人だけが、十三日に松川温泉へ下山することにした。

安易だった雪崩対策

二〇〇二年一月十三日午前六時半、大学に集合した高木教授、青木講師、学生の坂口、高倉の四人は、二台の車に分乗して松川温泉へと出発した。発達した低気圧が東北地方を通過して千島列島北部まで進み、大陸からは勢力の強い高気圧が日本海へと移動しつつある冬型の気圧配置だった。十四日は高気圧に覆われて好天になりそうだったが、十三日朝の天気は曇り、上空はかなり強い季節風が吹いていた。青木は昨日、友人と秋田駒ヶ岳へ登ったが、立って歩けないほどの強風のため頂上手前五〇メートルで引き返していた。秋田駒ヶ岳も源太ヶ岳がある八幡平も同じような気象条件だ。青木は、「源太ヶ岳稜線も風が強い、大深山荘までは行けそうもない。雪洞泊まりになる」と考えていた。高木は天気図を毎日、日記に貼り付けることを習慣にしており、「気象予報士の資格を取る」と言うほど、気象のことに興味を持っていた。しかも源太ヶ岳には三十回も登っており、出発の段階で源太ヶ岳の気象状況は充分に予想していたはずだ。車を運転しながら高木は、「今日は晴れるけど、風がな……」と独り言をつぶやいている。冬型の気圧配置による強い季節風と高気圧の移動による天候回復を予想していたのだろう。

午前八時、彼らは松川温泉に到着した。谷間の松川温泉でも風は強く、稜線なら風速二〇メートルはありそうだ。出発時にはまだ天候回復の望みを託していた彼らは、もし風が収まれば大深山荘まで行こうと考えて歩き出した。四人の共同装備は冬山の標準的なもので、雪洞を掘るためにシャベルを二本持ち、雪洞の入口をふさぐためのツエルト一張り、無線機二台などが加えられていた。彼らは雪崩対策として、雪崩ビーコンもゾンデも準備していなかった。テレマークスキーのクラブの入会条件に雪崩ビーコン携行が義務づけられていたため高木は二年前に購入していたのに、青木や学生たちに雪崩ビーコンの携行や購入を勧めることはなかった。登山経験が長い人ほど、雪崩ビーコンがなくても安全に山に登ってきた、弱層テストをしなくても雪崩に遭わなかった、雪崩の危険を回避できるという自信を強く抱く傾向がある。青木にしても「『最新雪崩学入門』を熟読していた」と言うのだが、雪崩対策の装備としてはゾンデになるストックを持っているだけだ。青木が好んで登る剱岳周辺なら雪崩の危険をかなり意識するけれど、八幡平には剱岳にあるような急斜面がなく、青木が雪崩の危険を強く意識することはなかった。もちろん八幡平でも表層雪崩や全層雪崩の跡を見ることはあるが、通い慣れた源太ヶ岳に雪崩の危険を強く意識するような急斜面はないと、高木も青木も思っていたのである。坂口は父親が持っていた『最新雪崩学入門』をぱらぱらと読むことがあったので、「弱層」が破壊されて雪崩が発生するという概念はなんとなく理解していたし、エクストリーム・スキーに興味があるので雪崩ビーコンを買うことを考えてみたものの、

奥産道から見た、雪崩が発生した源太ヶ岳東斜面(右手)とニセピークから南東に延びる尾根。東斜面には雪崩の破断面とデブリがはっきり見える

値段の高さに躊躇していまだに買っていない。初めて冬山に登る福岡出身の高倉は、「雪崩」が現実に起こるという認識すらもっていなかった。

高木が四人の先頭になり、膝下ほどのラッセルをして松川沿いにある奥産道と呼ばれる車道を進む。坂口が高木の横に並んでラッセルを交代して先頭に立とうとするのに、高木はトップを譲らない。高木はトレースがついていないまっさらな雪面にスキーを滑らせ、雪に潜るスキーの先端を蹴り上げラッセルすることが本当に好きなのかもしれない。あるいは、人の後ろについて歩き、トレースをたどることが嫌いなのだろうか。高木がラッセルをほかの人にやらせないのは、いつものことだった。青木はシールを付けて歩くのが二回目になる高倉の後ろに付き添って、高木と坂口から五〇メートルほど遅れて登っていく。雪に埋まる丸森川を徒渉してしばらく湯ノ沢沿いに進んでから北西に方向を変え、中倉山から続く崖の末端である一四六メートル地点を目指してアオモリトドマツの樹林帯の斜面を標高差一〇〇メートルほど登った。奥産道の緩やかな登りではシールにてこずらなかった高倉が、シールを効かせることができず斜面をなかなか登れない。先頭を行く高木が、「シールをもっと押しつけてやれ」とアドバイスの声をかけた。高木は、常に高倉の進み具合を確かめては二人から離れすぎないようにゆっくりとラッセルをして登っていった。樹林帯を抜ける手前で休憩し、高木が用意してきた四人分のおにぎりを食べたのは午前十一時、松川温泉を出発してから二時間二十分が経ち、源太ヶ岳へのちょうど中間地点となっていた。

樹林帯を抜けると源太ヶ岳東斜面の下に広がる平坦な斜面に出る。源太ヶ岳東斜面の稜線の中央部には、年によって長さが異なるものの五〇〜一〇〇メートルにわたって、南北方向の雪庇が発達する。この雪庇はときには崩落するが、たいていは五〇メートルほど下方の斜面で止まっている。もっと落ちたとしてもせいぜい八〇メートルほど下方まで届く程度ではないだろうか。東斜面の南側には丸森沢に向かって延びる南尾根がある。この源太ヶ岳南尾根は、常に西からの季節風がまともに吹きつけることになるので固くクラストした雪質になることが多い。平坦な斜面から左斜め上方へと登り、南尾根に出て、源太ヶ岳頂上の稜線に出るというのが一般的な冬のルートである。下山のときは雪庇を避けて東斜面を滑降すれば、極上のパウダースノーを味わえることが多かった。

東斜面を斜め左へと登って南尾根に出るとさすがに風が強く、しっかりとストックで体を支えなければよろけてしまう。雪はアイスバーンというほどでもないが、ウインドクラストして固い。ガスの切れ間からたまに日が射すこともあり、視界は二〇〇メートルほどあり、たまに五〇メートルほどまで悪くなる。高木が「今日はどこに雪洞を掘る？」と青木に問いかける。彼らは雪洞の候補地として南尾根の雪庇、東斜面の雪庇から離れた南尾根寄りの斜面、東斜面の雪庇の北側斜面、東斜面下の平坦地にある谷間の四ヶ所を考えていた。この強風と視界では、山スキーが初めての高倉を連れて到底大深山荘まで行くことはできないだろう。やはり源太ヶ岳の手前で雪洞を掘って泊まるしかないと判断したのだ。

源太ヶ岳の頂上は一五四五メートルの標識がある地点だが、平らでちっとも頂上らしくなく、東側にある断崖の上にある岩場を彼らは頂上と見なし、「ニセピーク」と呼んでいる。高木と青木、坂口が強風を避けるために身をかがめていた稜線下の斜面から、一人ずつ順番に這うようにしてニセピークに立った。山スキーに慣れていない高倉は強風にてこずり、稜線まで登るのに手間取っている。三人はスキーを履いたまま腰を下ろし、体をぴったり斜面にくっつけて強風をしのいで、高倉が登ってくるのを待っていた。

高倉がようやく三人の所まで登り、南北に延びる雪庇の上部斜面を一度は北方向へとトラバースしようとしたが風が強くてあきらめ、南尾根に近い東斜面上部に雪洞を掘ることになった。雪庇崩落の危険を避けるために、雪庇からは一五メートルほど離れた場所だ。高木と青木、坂口の三人はシールを付けたまま五〇メートルほど滑り降りると、ザックを下ろしスキーを脱いだ。スキーを脱ぐとふくらはぎまで雪にもぐった。スキーが下手な高倉は、横向きになり階段歩行で下っていたが転んでしまい、三人より二〇〜三〇メートル下まで滑り落ちてしまった。

高木教授が「雪崩はどうかねえ」とつぶやくように言ってから、雪洞掘りを手伝い始めた。

雪崩発生

そこは風も穏やかで、彼らが過去に幾度も滑ったことがある場所だった。

樹木の生えていない東斜面は風下になり、昨日から続く強風でかなりの吹き溜りを生じている。それ以前にも強い季節風がもたらした吹き溜りが生じているかもしれない。表面霜や霜ざらめ雪といった弱層が形成される気象条件もあったはずだ。

東斜面上部の傾斜はせいぜい三十度、斜度がきついのは上部のほんなわずかな部分ですぐに緩斜面に変わる。とはいっても、雪崩発生の危険を充分に備えている斜面なのだ。

スキーのうまい高木なら雪洞を掘っている東斜面から奥産道までは三十分で下り、松川温泉まで一時間もあれば到着できる。日が暮れるのは午後四時半ごろなので、雪洞を掘ってから高木は三人と別れ下山するつもりでいた。高倉は、一歩一歩、横向きになり階段登高で三人がザックを置いた場所まで登ってきている。午後二時、雪洞を掘り始めた。

坂口がL字型に斜面を掘り出し、高木が掘った雪をシャベルで斜面下へ投げ捨てた。次に坂口は斜面奥へ向かって掘り進み、体がちょうど入るくらいまで雪洞の入口を広げた。穴の外では、高木と青木が横に並んで雪を斜面下へ投げ捨てる。坂口が掘っている雪は降り積もった積雪に見られるような縞模様がなく、均一で真っ白、層構造がまったく見られなかった。雪はすべてが吹き溜った風成雪だった。

雪洞を掘り始めてから五分が経過した。

高倉が、ようやく三人がザックを置いた場所まで登り返し、スキーを脱いで雪面に立て、ザックを下ろそうかとかがんだ瞬間、何か周りが動いているように感じた。そのとき高倉は、青木が自分の名前を叫ぶ声を聞いた。

奥へ充分に掘り進んだので横へ向かって掘り広げようと思った坂口は、一度、雪洞の外へ出て立ち上がった。そのとき、空気が抜けるような「パシュー」という音が斜面上方から聞こえた。その瞬間、目に見えているすべての斜面が動き出していた。反射的に雪洞の入口の雪面を強く両手でつかむと中腰の体勢をとった。雪面をつかめば流されるのを免れると思ったのに、つかんだ雪面も雪洞奥の雪壁もすべて動いていた。雪崩だということは瞬間的に理解したが、こんな所で雪崩にやられるのかと思うと悔しくて「チクショー」と坂口は叫んだ。

近くにいた青木が「たかくらぁー!」と名前を叫ぶ声を聞いた。一人だけ離れた場所にいた高倉のことが心配だったのだろう。動き出して数秒間は「スー」と静かな音を立てて雪の斜面が滑り細かく砕けていった。まるで柔らかな深雪の上に座っているような感じだ。「スー」と音を立てて滑っていたときの雪崩の速度は想像以上にゆっくりとしたもので、スキーで滑る速度と同じくらいだと感じた。雪の圧力を感じることもなく体にかかってくる雪を簡単に手で払うことができ、流れていく周りの風景も落ち着いて眺めることができた。やがて坂口が掘った雪洞の天井が崩れ、足元の雪面もバラバラになる。

「スー」という音が「ゴー」という音に変化したとたん、雪崩は激流のように速度を増して流れ出した。山好きの父親から、「頭が谷側になると雪崩に深く埋まる。泳いで上に出ろ」と言われていたことを覚えていた坂口は、必死になって体にかかってくる雪を掻き分け掻き分け、立ち泳ぎのように動き、雪崩から浮き上がる努力をした。流されている斜面に膨らんだ部分があったのか、スッと体が持ち上げられたかと思うとスッと沈む。そんなうねる感覚を流されながら二回感じた。最初のうねる感覚を覚えたとき、しりもちをついたような格好で流されている青木が下方に見え、視線が合ったとたん、青木の姿は雪の中に消えた。坂口は体を上向きにして頭を山側に保ち、立ち泳ぎの動作をしているためか、上半身は雪面から出て雪に沈むことはなかった。

このまま流されていれば、なんとか雪崩から脱出できるのではないかと思っていたとき二回目のうねりを感じ、右足の大腿部にかけて木に激突して前に飛ばされ、頭は谷側に向きうつ伏せの体勢になってしまった。すると体はどんどん雪の中に沈み出した。光は消え、真っ暗ななかを流されていく。坂口の体全体が雪に埋まってしまったのだ。「まずい！」、「こんな所で雪崩に遭いやがってと、親父に怒られる。死んじゃうかもしれない」という思いが、坂口の頭の中を駆け巡る。坂口の両足は流れる雪崩に締めつけられて動かず、自由に動くのは両腕だけだ。犬掻き泳ぎのように両手で雪を掻いても体は沈んでいくばかりで、いくら頑張っても浮いてこない。いっそのことクロールのターンをするときの要領で前方にでんぐり返りをやって頭を山側に向けようか、雪崩に抵抗するのをあきらめて両手で口の周りにエアーポケットを作ろうかと迷っていた。迷っているうちに頭の左側から右脇腹にかけて木に激突し、体がぐいっと持ち上げられた。真っ暗だった坂口の視野に再びまばゆい空が現われ、雪崩は止まった。

「たかくらぁー！」という青木の叫び声を聞いた高倉は顔を上げた。高木の姿が見え、青木が雪の上にしりもちをついて座り込んでいる。坂口は雪洞の入口にしがみつき、雪洞の三メートルほど上部の雪が水平方向に盛り上がっていた。高倉は空が動いているのを見た。雪崩のことを何も知らない高倉は、高木も青木も坂口もみんなが雪に乗ったまま動いていることを理解できない。とにかく雪の斜面が滑って動いていることに「ウォー」と驚いたのだ。四つんばいの体勢のまま上向きになった高倉は、まるで滑り台を滑り降りるような感じで流されていく。グラッと揺れる感じがあってからは流れる速度は加速されたようだ。雪に埋もれることもなく流れていくので、波に流されるサーフボードのようだと自分のことが思えてきた。流れる速度が遅くなったとき、後方からの雪が高倉にかぶさり、もみくちゃにされ上半身が埋もれた。雪の圧力が凄くて呼吸ができなかったため意識を失いそうだ。苦しがった高倉がもがくと足だけが動くことに気がつき、脱出しようと両足を思い切り動かして暴れた。すると今度は、雪崩の速度が速くなり進行方向の左側へ流れていく力を体が感じた。ようやく高倉は、「これが雪崩なんだ」と自覚した。流れる方向が左へ変わった瞬間、高倉の体はぽんと雪の上に飛び出し、そのまま雪の上を体が滑るように流れて停止したのである。と同時に、雪崩も止まった。ザックを背負ったままの高倉はデブリの上に仰向けに倒れていた。

突然、雪面が動き出した最初の一秒間、いったい何が起きているのか、青木には理解ができなかった。高木の横に並んで坂口が掘り出す雪を手で斜面下へ投げ捨てていた青木は、しりもちをついて転んだ。周りの状況がよく見えていなかったため雪洞上部の雪が崩れたのかと思ったのだが、すぐに雪崩が発生して自分たちが流されていることに気がつき「たかくらぁー!」と叫んだ。上から体にかぶさってくる雪の圧力で前転させられそうになり必死に雪面にしがみついたとき、「ワッ!」と叫んで、後ろ向きになって斜面下方へ転倒した高木の姿が雪崩れる雪の中に見えた。雪煙が沸き立って周りは何も見えず、口の中に雪が入り込んで呼吸が苦しい。青木に見えるのは薄暗闇の中の真っ白な雪だけだ。それで時折、光を感じた。何とか流されるのを止めたい、体が前転するのを食い止めたいと雪にしがみつくばかりの青木。雪崩に流されたら浮上するために泳げばよいと知ってはいたが、体を動かすことなどまったくできない。ついに踏ん張りきれず前のめりに転び、雪に埋もれたまま流されていく。坂口の姿が一瞬、ちらりと見えたような気がしたが、すぐに雪の中に消えた。呼吸が苦しくて、「チクショー、こんな所で絶対に埋まるものか」と心の中で叫んだ。雪崩の速度は一度緩くなり、再び速まった。雪崩に抵抗することなど到底できず、流れに身を任せたままだったが木にぶつかり、しばらく流されて止まった。青木は口を開いて「ハァー、ハァー」と酸素をいっぱいに吸い込んで荒い息をついた。幸運にも上半身はデブリから出て、両足だけが埋まっていた。雪崩に流されていた時間は十八秒ほどだと、青木は冷静に数えていた。

目の前に高倉がいる。

「高倉！　大丈夫か」と叫ぶと「大丈夫です」と高倉が答えた。「眞三郎ー！」と叫ぶと「ここです！」と坂口が上方から答えた。坂口は真っ直ぐ立った状態で、腰上までデブリに埋まっていた。とても柔らかかったので、坂口はデブリを手で掘ることができたが、抜け出そうとすると右足に強烈な痛みを感じて動かすことができなかった。坂口の大腿四頭筋の腱は断裂していたのだ。

青木は自分の周り、デブリの下方、東斜面全体へと視線を走らせた。高木の姿がどこにも見えないのだ。坂口は青木の三メートル上方、ダケカンバの灌木横にいる。高倉は青木の五メートル下方にいる。高木は、いったいどこに消えたのだ。

ゾンデ捜索

雪崩が発生した源太ヶ岳東斜面がすべて見渡せた。雪洞を掘っていた場所からは幅一六メートルの雪崩が発生し、デブリ末端は青木、坂口、高倉の停止した位置よりはるか下方にあって、雪崩の長さは二九〇メートルにもなっていた。この雪崩の

破断面の幅は143メートル。細かく砕けたブロックと大きく砕けたブロックのデブリがある。細かなブロックのデブリ(左)最上部付近で雪洞を掘っていた

デブリは細かく砕けた風成雪で、とても柔らかかった。四人が流された雪崩とは明らかに異なり、東斜面全体に広がって流れた雪崩の跡があった。まるで二つの雪崩が相次いで発生したかのようだった。雪洞を掘った場所から一五、六メートル上方に、厚さ一・五メートル、幅一四三メートルの雪崩の破断面が真横に走り、東斜面全体が雪崩れ落ちていたのだ。破断面は雪庇より上部にあり、デブリのブロックは大きく固いものばかりだった。斜度三十度ほどある東斜面上部は平滑な雪面を露出し、傾斜が緩やかになる付近から大きなデブリのブロックが堆積していた。四人が流された雪崩のデブリと東斜面全体を流れた雪崩のデブリがぶつかり合ったような境界が堤みたいに盛り上がっている。

「高木を捜索しなくては……」と気が焦る青木は、どうやってデブリに埋まった両足を抜き出したのか覚えていない。二次雪崩が起きるのではないかとの心配をしながら、高木の体の一部分でもデブリの中に見えないか、遺留品がありはしないかと、雪洞を掘っていた場所と青木、坂口、高倉の三人が流されて止まった場所の延長線上を二、三回往復して捜索した。三本のスキー、七本のストック、二本のシャベル、高木と青木、坂口のザック三個が見つかったというのに、高木の手がかりは何も発見できなかった。

「青木先生ー、ゾンデで捜索ー！」と坂口が叫んだ。これだけデブリの上を歩き回って捜索しても高木を発見できないとなれば、雪崩ビーコンを携行していない以上、ゾンデ捜索でしか彼を発見する方法はない。だがどこをゾンデ捜索すればよいのか、高木が埋没する可能性が高い場所はどこなのか、それを判断しなくてはならない。青木は、後から後悔するようなゾンデ捜索をしたくないと思った。

雪洞を掘っていた高木と青木、坂口は二メートル四方の範囲内にいて、青木と坂口の二人は約二〇〇メートル流されている。そして二人はたった三メートル離れているだけで停止している。高倉は、青木より五メートル下方まで流されているが、二人に近い場所だ。青木、坂口、高倉の三人は、一〇メートル範囲内に流されて停止しているのだ。高木だって三人の近くに埋まっている可能性が一番高い。考えた末、ゾンデ捜索は青木と高倉の停止した場所を含む幅一五メートル、長さ二〇〇メートルの範囲から行なうことを決めた。

ストックのリングをはずして二本を繋いでゾンデにすると、青木は捜索を開始した。高倉のストックはリングが外れないため、逆さまにしてデブリに刺したが、深さ八〇センチくらいまで入るほどデブリは柔らかかった。ゾンデ捜索は青木と高倉の二人が並んで斜面の上から始め、デブリについた足跡を目印にして五〇センチ間隔の格子状になるように正確に行なっていった。

腱を断裂して動けない坂口が、携帯電話で警察に雪崩事故発生を通報する。午後二時四十八分のことだった。

「源太ヶ岳で雪崩に遭って、一人が行方不明になった」と言うと「源太ヶ岳はどこだ」と問い返される。北海道出身の坂口は、うまく源太ヶ岳の位置を説明できない。簡単なはずの警察への通報でさえスムーズにできない自分が情けないと思った。そんなことより足が動かず、高木の捜索をまったく行なえないことがなんと情けないことか。もし坂口がゾンデ捜索できたなら、青木と高倉が二人で行なうより広い範囲を探すことができる。二人の捜索を見守るしかない坂口は、悔しくてどうしようもなかった。青木にアドバイスされるままに説明して、雪崩事故が発生した源太ヶ岳の位置を警察に伝え、救助を要請することができた。

青木のゾンデに「コツン」と当たる感触があった。「なんとか高木先生であってほしい」と祈るような気持ちで、デブリを掘ると木が出てきた。青木はがっかりし

捜索隊は、青木と高倉がゾンデで捜索した範囲より下方のデブリ末端で1メートルほどの深さに埋没している高木教授の遺体を発見した

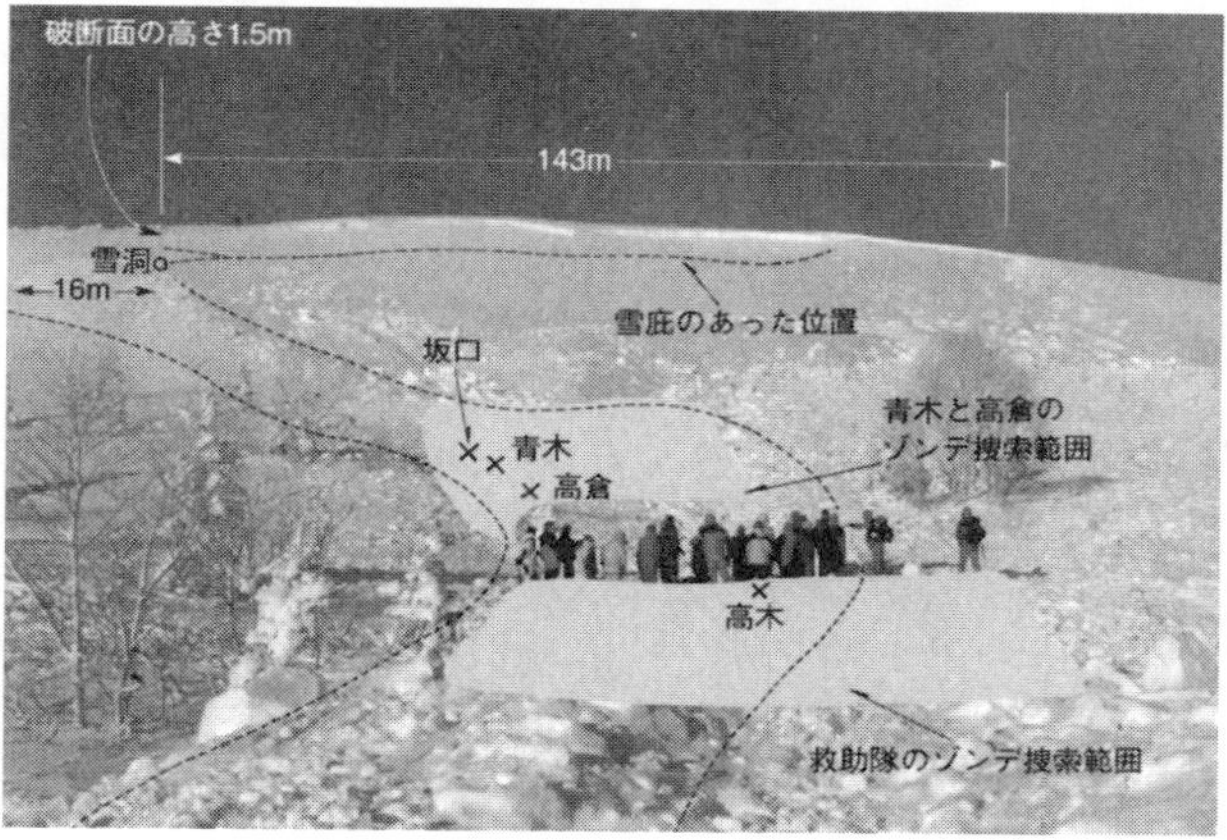

った。二時間近くゾンデ捜索をした二人が捕えた雪以外の感覚は、この一回だけであった。

岩手県警から坂口を消防防災ヘリで救出すると携帯電話に連絡があり、午後四時三十分ごろ、ヘリの爆音が聞こえてきた。青木はゾンデ捜索をあきらめ、坂口をヘリで収容してもらうために樹林限界近くの平坦な場所に移動することにした。肩を貸してやれば、坂口はかろうじて一人で歩くことができた。ヘリが降下してホバリングを試みるが、強風のために機体を静止できない。そのたびに離脱したヘリは再進入を試みたが、五回目のホバリングもうまくいかずに坂口の収容を断念したのだったった。

午後五時ごろ、県警から「本日の救助は打ち切り」との連絡があり、「三人は翌朝まで充分に待機できる」と青木は回答した。すでにあたりは薄暗い。三人は雪崩現場近くでビバークしなければならず、雪洞を掘る場所を探した。二次雪崩だけは絶対に避けたかったので、ホバリングを試みた平坦地の付近の窪地に雪洞を掘ることにした。雪洞が完成したのは午後七時半、一晩中強風が吹き続け、二時間おきに雪洞入口の除雪を行なった。その夜、青木も坂口も高倉もほとんど話すこともなく、

高木教授の遺体発見の通報で岩手県消防防災ヘリが現場に飛来した。ホバリングしたヘリは高木の遺体、高倉と負傷した坂口をホイストで吊り上げ収容した

押し黙ったままだ。「思いつめたような表情を浮かべ、押し黙った青木のことが心配だ」と、足の痛みに耐えながら坂口は眺めていた。

一月十四日午前三時、八幡平遭難対策委員会捜索救助隊二十名が、松川温泉を出発して現場に向かう。午前四時ごろには強風が収まった。雪洞に泊まった三名は快晴無風の夜明けを迎え、救助隊と合流したのは午前六時二十分のことだった。青木が雪崩の状況と高木教授の埋没可能性が高い範囲を説明し、ロープで捜索ラインを統制して救助隊によるゾンデ捜索が始まった。救助隊が捜索を開始したのは、青木たちがゾンデ捜索を行なった範囲の下方、デブリ末端付近だった。

捜索開始からわずか十七分、救助隊員のゾンデがデブリに埋まった高木教授の感覚を捕えた。高倉が雪崩に流されて停止した場所から一五メートル下の位置だ。青木も加わってシャベルで掘ると、深さ一メートルのデブリの中に凍りついた高木が体の右側を下にして横たわっていた。眼鏡はなくなっていたものの帽子をかぶったまま目を閉じ、口を軽く開き、苦しんだ様子はなく、安らかな表情を浮かべていた。ジャンパーのポケットに入っていた携帯電話には十三日夕刻、自宅からの電話の着信記録が残されていた。妻からの電話の呼び出し音が聞こえることもなく、応答することもできないまま、高木は雪崩に埋もれていたのだった。

二つの風成雪

この事故は、強い季節風によって源太ヶ岳東斜面に吹き溜っていた風成雪に雪洞を掘ったために面発生表層雪崩を誘発、高木辰雄教授が死亡したものだ。まるで異なる二つの雪崩が、相次いで発生して流れたかのような細かなブロックと大きなブロックのデブリ。なぜこのような雪崩が起きたのだろうか。

青木の報告を聞き、雪崩現場の写真を見た雪崩災害、とりわけ弱層形成研究の権威である秋田谷英次（元北海道大学低温科学研究所教授、北星学園教授）は、次のように分析している。

①雪崩が発生する一週間前の一月六日~七日にかけて、雪の表面あるいは表層に弱層が形成された。形成された弱層は表面霜か霜ざらめ雪である。なお、弱層の形成については『決定版雪崩学』（北海道雪崩事故防止研究会編、山と溪谷社刊）の第二章「雪崩の発生メカニズム」で解説されている。

②吹雪が発生して源太ヶ岳東斜面全体に雪庇状の吹き溜りを堆積した。時間が経

過して、この吹き溜りHa層の風成雪は固くなった。

③Ha層を形成したのとは異なる風向の吹雪が発生して、雪洞掘削地点（S）付近に多くの風成雪が堆積し、吹き溜り層Soが形成された。So層は堆積から余り時間が経過していないので、充分に硬化せず、柔らかかった。

④高木教授ら三人がS地点で雪洞を掘り、その刺激で雪崩が発生した。So層とHa層でほぼ同時に雪崩が発生した。

⑤デブリ中央部に見られる大きなブロックはHa層の雪、S地点より流れた小さなブロックのデブリは、まだ硬化していないSo層の雪。充分に硬化していないため流れる途中で細かく砕け、手で掘ることもできるほど柔らかく、リングの付いたストックも簡単に刺さった。

斜面に降り積もった積雪や吹き溜った風成雪は重力の作用により、斜面に沿って落下しようとする力（駆動力）が常に作用している。ところが雪粒同士や地面との間にそれを支えようとする力（抵抗力）が生じている。普通は駆動力と抵抗力の均衡が保たれて雪は安定しているが、駆動力が抵抗力の限界を超えると雪崩が発生する。積雪は層構造になっていて、その中に滑りやすく壊れやすい脆い層、抵抗力が

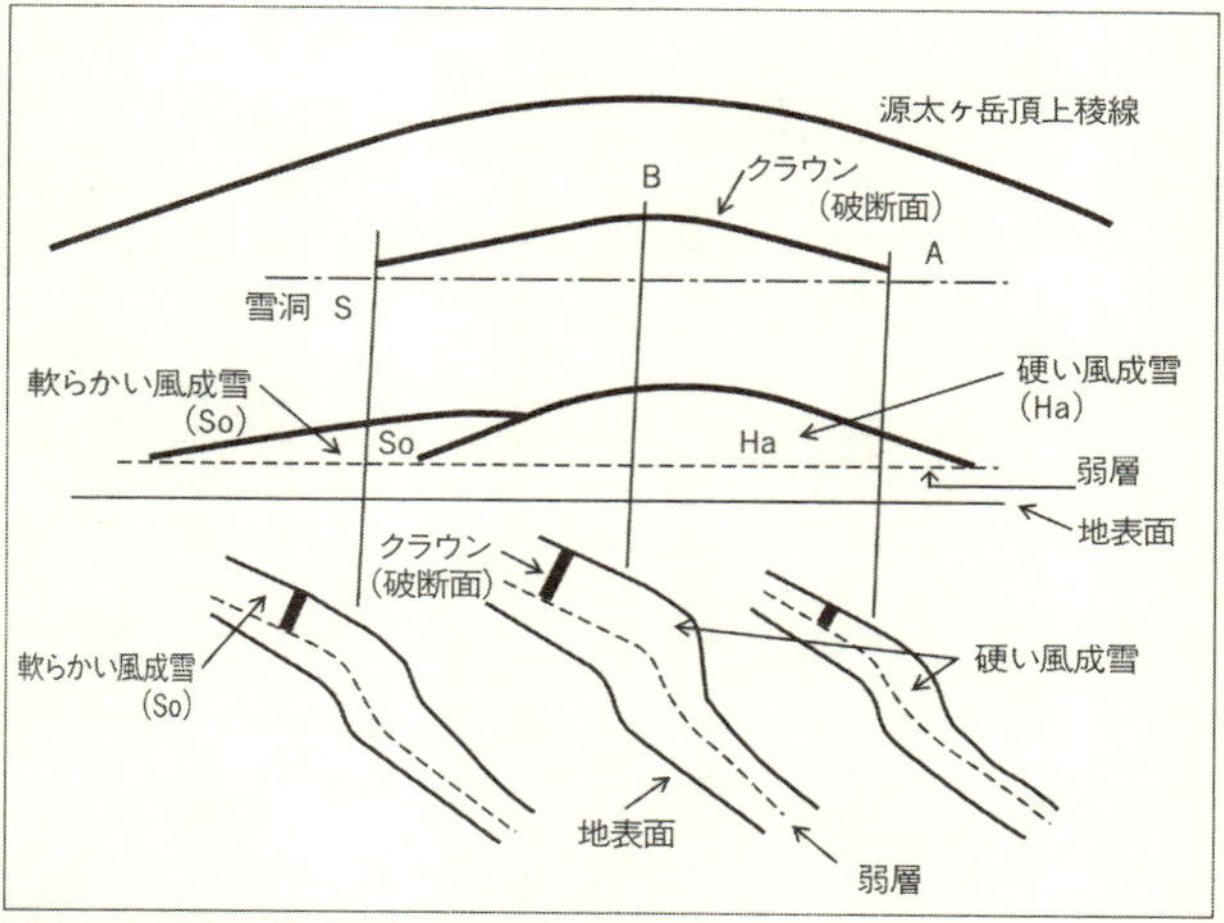

発生した雪崩の模式図(作図＝秋田谷英次)

小さくて安定度の弱い層、つまり「弱層」が存在する。「弱層」の上に降雪や吹き溜った風成雪といった上載荷重が増加すると、駆動力が大きくなり「弱層」の抵抗力の限界に近づく。そこへ人為的な刺激が加わると「弱層」が破壊され、抵抗力は消滅、雪崩が起きる。上載積雪の増加だけで抵抗力の限界を超えれば、自然発生の雪崩となる。

源太ヶ岳東斜面には弱層が形成され、風向の異なる二回の吹雪によって風成雪が大量に堆積していた。駆動力と抵抗力のバランスは微妙な状態で保たれていたのだが、雪洞を掘る行為によって均衡状態は破壊され、雪崩が発生したのだ。

一月五日から十三日までの源太ヶ岳に近い盛岡市の最高・最低気温、午後三時の天気と気象概況は次のようになっていた。

五日　西高東低の強い冬型の気圧配置が正月明けから続いており、季節風が強く、雪降る。

六日　低気圧が日本の東海上に遠ざかり、冬型の気圧配置が緩んで天候は回復、久しぶりに晴れた。日本海には、上空に強い寒気団を伴った低気圧が大陸から接近してきた。

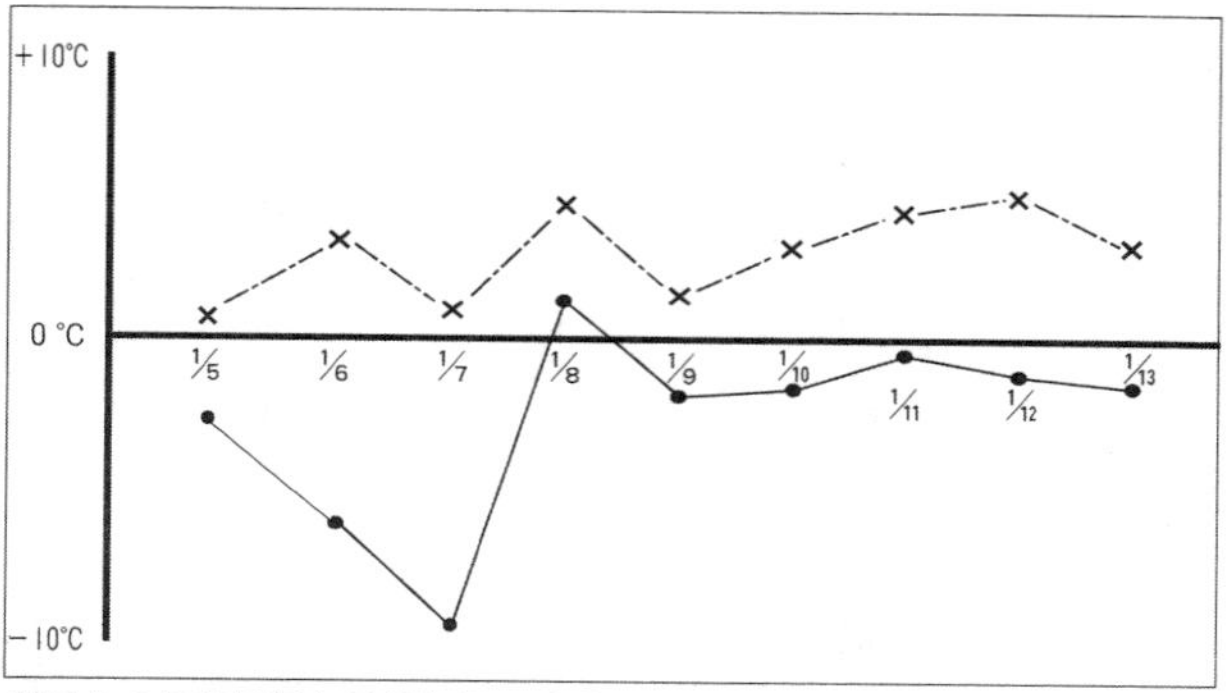

盛岡市の最高気温と最低気温の変化

月　日	最高気温	最低気温	15時の天気
1月5日	0.7度C	−2.8度C	にわか雪
6日	3.9	−6.5	晴れ
7日	1.3	−10.2	曇り
8日	5.1	1.7	にわか雨
9日	1.9	−2.0	にわか雪
10日	3.6	−1.8	晴れ
11日	4.7	−0.2	曇り
12日	5.7	−1.0	晴れ
13日	3.7	−1.7	晴れ

盛岡市の最高気温、最低気温、天気

七日　強い寒気団の進入で非常に冷え込んだ。低気圧が寒冷前線を伴って朝鮮半島付近から日本海を北上してきた。

八日　低気圧は発達しながら日本海を北上していく。寒冷前線の通過前、南からの暖気が進入して気温が上昇、にわか雨が降った。

九日　発達した低気圧がオホーツク海に抜け、寒冷前線の通過後は一時的に冬型となり、大陸からの寒気の流入が始まる。気温は下がり、雪が降り出す。

十日　オホーツク海の低気圧がさらに発達。北日本に強い寒気が流入してくるが、西から朝鮮半島への気圧の谷が移動して冬型が緩み、好天となった。

十一日　十日と同様、気圧の谷が大陸から東に進み冬型の気圧配置が緩み、大陸からの寒気の流入は弱まる。

十二日　中国東北部に勢力の強い高気圧が現われ、冬型の気圧配置が強まり始めた。

十三日　高気圧が東に進み、次第に冬型の気圧配置が弱まって天気は回復するが、山間部には依然として強い季節風が吹いていた。

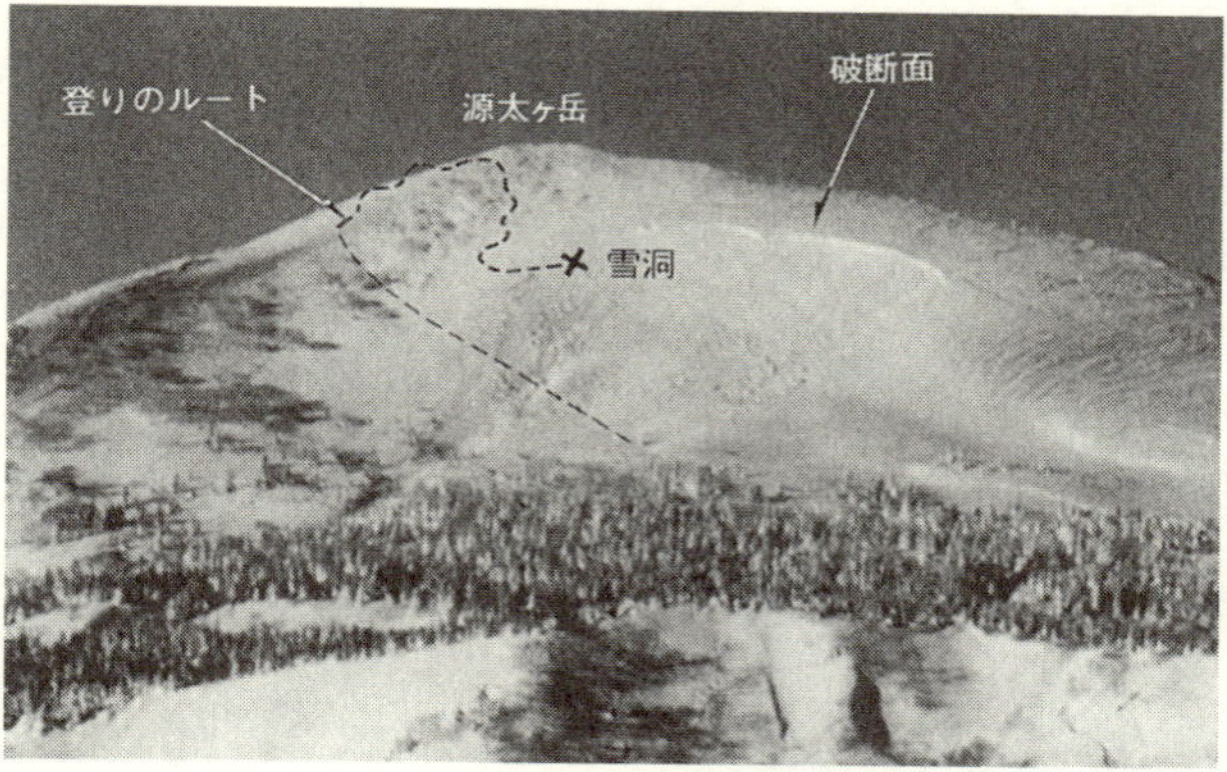

雪崩の発生した源太ヶ岳の東斜面。雪庇は破断面の約30メートル下方に発達していた。この東斜面は山スキーヤーたちが滑っている

南側上空から見た、ニセピークから南東に延びる尾根(手前)と雪崩れた東斜面。破断面がはっきり分かる

一月六日〜七日は、寒気団の進入によって急激な気温低下があったために弱層が形成されたはずだ。その後、発達した低気圧による強風が吹いた八日、強い冬型の気圧配置による強風が吹いた十二日と二回、源太ヶ岳東斜面に風成雪が吹き溜る天候があった。八日の吹き溜りがHa層、十二日の吹き溜りがSo層を形成したはずである。

もし、彼らが樹林限界を出た平坦地付近から源太ヶ岳東斜面の登り口付近で弱層テストを行なっていたら、六日〜七日にかけて形成された弱層の存在に気がついただろう。

秋田谷英次教授は、「雪の堆積状況は斜面の向きや地形の影響を受け変化が激しい。一方、弱層は斜面の向きが同じならかなり広範囲に広がっている。雪崩発生の危険は、弱層の強度とその上に降り積もった積雪重量（上載積雪）と人為的刺激の強度の兼ね合いである。弱層の強度が同じなら、上載積雪が多いほど、人為的刺激が強いほど雪崩の危険は大きくなる。弱層テストの一番の目的は、弱層の有無とその強度を調べること。同じ斜面の向きで雪崩の危険のない場所で弱層テストを行なうのが基本だ。もし、弱層があっても、上載積雪が少なければ、人為的刺激が小さければ雪崩の危険は少ない。これから登ろうとする斜面が風下斜面であれば、テスト地点より上載積雪が多くなり、「雪崩の危険が高くなるので警戒する必要がある」と指摘する。

東斜面の下方で弱層の存在に気がつき、雪洞を掘ろうとした東斜面上部で安全を確保したうえでさらに弱層テストを行なっていれば、上載積雪の量を把握することができ、より正確に雪崩の危険度を判断できたと思われる。

もし、私が雪崩の発生した源太ヶ岳東斜面に雪洞を掘るとすれば、やはり彼らが選んだ同じ場所にするだろう。彼らが選んだ雪洞の場所に誤りはない。ごく普通の登山者が、ごく当たり前の判断を下す場所に存在していた雪崩の危険に気がつくためには、今までと同じ登山者の常識に基づいた行動をするだけでは無理なのだ。新しい価値観、新しい思想で命を守る行動をとらなければならない。

四月になり、遺留品の捜索と事故調査のために雪崩現場に通った青木たちは、ある一定の高さで折れたオオシラビソの木を五、六本見つけた。折れた木は、雪崩の発生を暗示している。三十回登って大きな雪崩の跡を見たことがない。この十年、ここでは大きな雪崩の跡を見たことがない。こういった経験による判断基準で自然を見ることは、非常に時間が短すぎる「ものさし」にしか過ぎない。人々が見ていないときに、樹木をへし折るような雪崩は発生しているのだ。

高木と一緒に雪崩に流された青木、坂口、高倉は無事だったこと、スキーやザックなどの遺留品が埋没しなかったことから、高木の埋没位置はかなり狭い範囲に特定できた。けれども青木と高倉、二人のゾンデ捜索では発見できなかった。雪崩ビーコンがなかったために、高木の発見は事故の翌朝、救助隊の捜索まで待たなければならなかった。雪崩ビーコンを携行していたならば、間違いなく五分以内に高木の埋没位置を特定し、デブリから救出していたはずだ。雪崩ビーコンさえあれば、高木辰雄は死ななかった。

通い慣れた源太ヶ岳では、雪崩の危険はないという先入観、今まで雪崩ビーコンなしでも安全に山スキーを楽しんできたという経験への自信が、弱層テストの実行やレスキュー装備の購入という行動を起こさなかったし、せっかく買った雪崩ビーコンを活用せず、その効用をほかの人たちに勧める行動も起こさなかったと言えるのだ。

北アルプス・唐松岳八方尾根　二〇〇〇年二月十九日

ガラガラ沢

二〇〇〇年二月十九日、長野県白馬村の宿泊施設で働いていたニュージーランドのスノーボーダー三名、クレイグ・モアット（二十五歳）、クリス・コスター（二十三歳）ジェイムズ・ゴードン（十八歳）とオーストラリア人、ジョン・ハワード（仮名・二十九歳）の四名が、八方尾根の北側にあるガラガラ沢をスノーボードで滑走中に雪崩を誘発し、ニュージーランド人三名が雪崩に巻き込まれ死亡した。長野県警航空隊と山岳救助隊が捜索に出動したこの雪崩遭難は、ニュージーランドの新聞やテレビで「日本の警察は、保険の確認に手間取って捜索が遅れた」、「日本の警察は保険がないと捜索しない」と、誤った報道がなされたために国際問題にまで発展した。

一方、日本の新聞やテレビは、「ニュージーランド人スノーボーダー三名が雪崩で死亡したガラガラ沢は、『雪崩の巣』と呼ばれる危険地帯で、立入りを禁止する看板が立てられていた」、「一般のスキーヤーの立入りを禁止している区域」と、まるでスキー場のコース外であるかのようにとらえて報道した。日本のマスコミ報道を聞いた人は、スキー場のコース外で起きた雪崩事故と思ったのではあるまいか。そして雪崩に埋没して行方不明になった三人を捜索しようとした友人たちやボランティアの捜索パーティと、警察の捜索隊の対立が取りざたされた。

ガラガラ沢とはどのような場所なのだろうか。雪崩は、なぜ起きたのだろう。雪崩に埋没して行方不明になったニュージーランド人スノーボーダー三名の捜索は、どのように行なわれたのだろうか。

北アルプスの唐松岳（二六九六メートル）から東に延びる八方尾根は、標高一八〇〇メートル付近までスキー場のゴンドラとリフトを乗り継いで登れ、多くのスキーコースが放射状に広がっている。裾野には長野オリンピックで使われたジャンプ台があり、八方尾根スキー場もアルペン競技のコースとなっている。アルペン競技のスタート地点が国立公園内に設定されたことから、オリンピックと自然保護の問

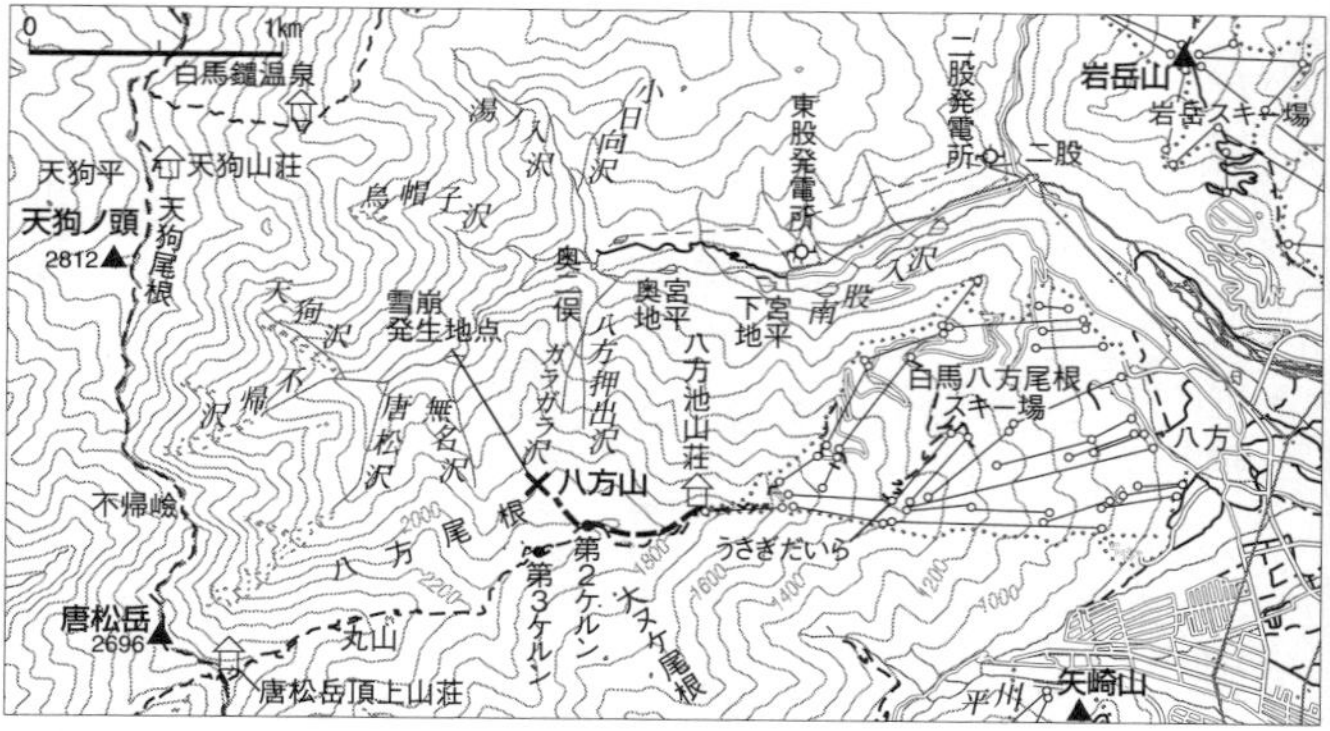

0
1km
白馬鑓温泉
天狗平
天狗山荘
天狗ノ頭
2812
天狗尾根
湯入沢
小日向沢
烏帽子沢
東股発電所
二股発電所
二股
岩岳山
岩岳スキー場
天狗沢
奥二俣
奥宮地平
下宮地平
南股入沢
雪崩発生地点
ガラガラ沢
八方押出沢
八方池山荘
白馬八方尾根スキー場
八方
不帰沢
唐松沢
無名沢
八方山
不帰嶮
八方尾根
第2ケルン
第3ケルン
うさぎだいら
唐松岳
2696
丸山
大ズケ尾根
唐松岳頂上山荘
平川
矢崎山
2000
2200
1800
1600
1400
1200
1000

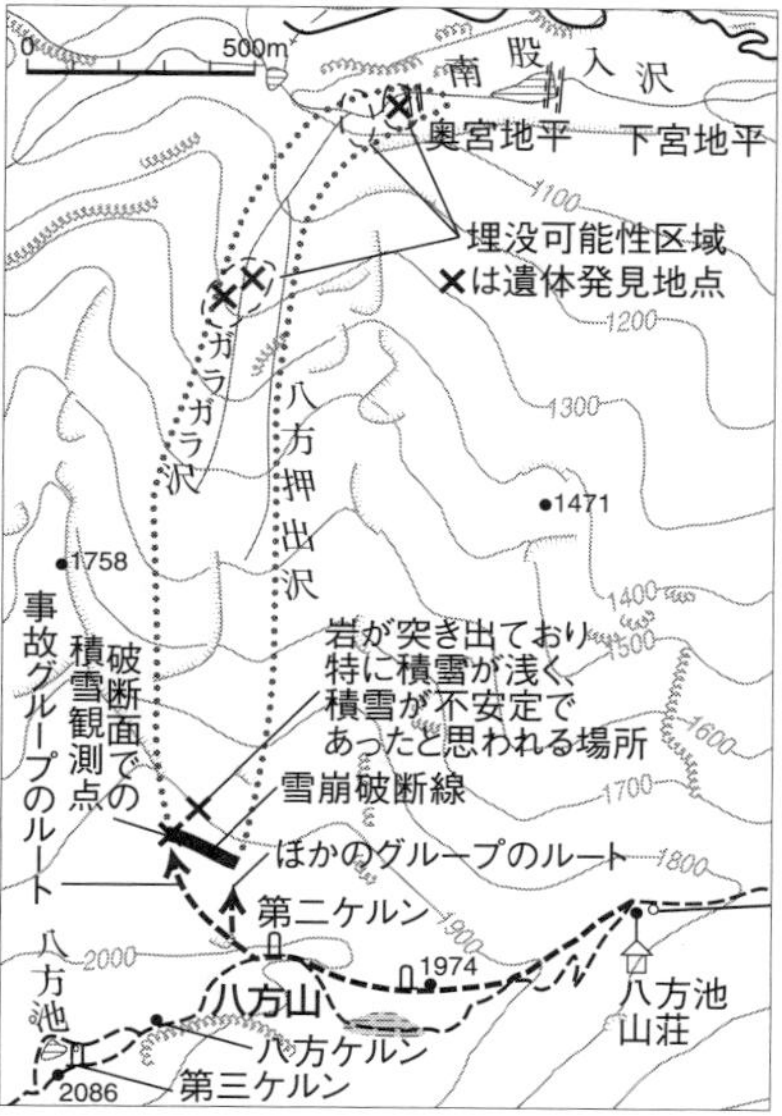

0
500m
南股入沢
奥宮地平
下宮地平
1100
埋没可能性区域
×は遺体発見地点
1200
ガラガラ沢
八方押出沢
1300
1471
1758
1400
1500
岩が突き出ており特に積雪が浅く積雪が不安定であったと思われる場所
1600
事故グループのルート
破断面での積雪観測点
雪崩破断線
1700
ほかのグループのルート
1800
第二ケルン
1900
2000
1974
八方池
八方山
八方池山荘
八方ケルン
第三ケルン
2086

題が注目されたので記憶している人も多いはずだ。

リフト終点から三十～四十五分登ると、八方尾根の途中にある八方山と呼ばれるなだらかな頂に着く。八方山からは二つの顕著な支尾根が、小さな尾根を挟むようにして松川の支流南股入沢へ向かって北に延びている。国土地理院の二万五〇〇〇分の一地形図を見ると、東側にある尾根は約一二〇〇メートルの長さにわたって崖印が続き、崖下部斜面の等高線間隔はとても狭く、急斜面であることが分かる。北に延びる二つの支尾根と中間にある小さな尾根によって逆V字型のようになった沢型、その東側に「ガラガラ沢」と記入されている。春になると崖からガラガラと石が数多く落ちてくるので「ガラガラ沢」と呼ばれるようになったという。

八方山の北側で扇状に広がっていた逆V字型の谷の上部斜面は、等高線間隔が広く傾斜が緩い。標高が低くなるにつれ次第に谷は狭まり、傾斜はきつくなる。といってもせいぜい二十～二十五度ほどで、急斜面とはいえない。ただ、谷の両側ではかなりの急斜面になっている。標高差一〇〇〇メートル下れば、松川の支流南股入沢と合流する手前で谷が非常に狭まってくる。南股入沢と合流すると、今度は急に谷は広くなり奥宮地平、下宮地平と呼ばれる平坦地が出てくる。下宮地平の下流には砂防堰堤があって、左岸に中部電力の東股発電所がある。東股発電所から発電所専用車道を二キロ下ると、冬期間除雪されている県道に出ることができる。

ガラガラ沢を滑るとなれば、八方尾根スキー場のリフトとゴンドラを使って八方池山荘まで上がり、そこからスキーにシールを付けて登るか、スノーシューもしくはツボ足で八方山まで登って滑降する。天気が良く、雪が安定しているときに、一日に一本滑るというのが一般的な行動パターンだ。

ニュージーランド人三名が雪崩で死んだその日、ガラガラ沢をほかにも二十名ほどのスノーボーダーやスキーヤーが滑っていたと報道されている。私は地形図に書かれている「ガラガラ沢」を滑っていたとばかり思っていたのだが、中間に延びる小さな尾根の東側（地図の右側）の、昔から地元の人々が「八方押出」と呼んでいる沢を一般的には滑るのだという。

ほかの人たちは八方押出沢を滑り、ニュージーランド人三名が雪崩を誘発したのは、一般的には滑られることがない八方押出沢の上部斜面であった。

「ガラガラ沢」とは、国土地理院地形図に名前が記載されている沢と地元の人々が「八方押出」と呼ぶ沢の総称として使われている。山をよく知る北アルプス北部地区遭対協救助隊隊長の降旗義道（五十四歳）に「ガラガラ沢」について尋ねてみた。山岳ガイドである降旗は、ガラガラ沢のことをこう説明する。

「本流の沢筋は斜度二十〜二十五度くらいの斜面がずっと続き、両サイドは切り立っており四十度を越える急斜面もある。基本的には下まで何もなく斜度も適当なため、積雪が安定してくる三月に入ると、地元の人々が滑るコース。ポピュラーではないけれど、一部の人たちが滑る軽いスキーツアーの谷がガラガラ沢だ。冬の粉雪のとき、沢筋ではいつでも雪崩が起きるというのが前提だから、ガラガラ沢に限らず沢筋に入らないのが、ぼくたちの本能的な感覚だ。例えば、晴天が一週間も続いて雪が落ち着いてきたときなら、『これなら雪崩は起きないな』と読める。つまり安全と判断できるならガラガラ沢に入る。『雪崩が起きない』と判断できないならガラガラ沢に入らないのが、ぼくたちの今までの慣習だ。『雪崩の巣』というのは、条件が整えばいつでも雪崩が出る場所という意味で使っている。決して、急峻な地形でいつでも雪崩が起きるという意味ではない。『ガラガラ沢は雪崩の巣』という表現は、雪崩の危険を強調しすぎたきらいがある。ぼくたち地元の人間は、雪崩が起きて危険だから真冬にはガラガラ沢に入らなかった。最近、真冬にガラガラ沢を滑る人たちが目立ってきたので、『雪崩にやられる』と警告を発してきた。雪崩の起きる危険な時期に、スノーボーダーなんかがどんどんガラガラ沢に入るので、ぼくは、いつか雪崩に誰かがやられると思っていた。それがたまたまニュージーランド人だったんだ」

八方池山荘などには、日本語と英語で、「これより上部とコース外は雪崩・滑落の多発地帯のため立入禁止。登山者は登山カードの提出が必要」との警告の看板が立てられているという。

快晴の朝

二月十八日まで白馬地方に降り続き、降雪七〇センチとなったこの冬一番の大雪がやんだ。十九日は朝から快晴で、真っ白い新雪に輝く、北アルプスの険しく白い山脈が白馬村から眺められた。「よし、晴れたからガラガラ沢を滑りに行ってみよう」と、スキーヤーの亀田浩一（仮名・二十八歳）は、思い立った。彼は白馬の山々をこの十年、とても熱心に滑っており、ガラガラ沢のことをよく知っている。「ガラガラ沢を滑りに行こう」と、四人の友人たちを誘うと、八方尾根スキー場のゴンドラとリフトを乗り継いで五十分ほどかけて八方池山荘まで登り、そこからスノーシューを履いて歩き出した。

富山湾から北アルプス北部の山脈に吹く冬の季節風が、唐松岳に当たって二つに分かれて吹き抜ける風の通り道がある。一つの風の道は、東西に延びる八方尾根に当たって複雑な風の流れを作り出す。そのため八方尾根の風は一定方向に吹かず、まさに四方八方から吹いてくる。山麓の白馬村で大雪が降っても、風のよく通る八方尾根では雪が風に飛ばされてしまうのだ。一時間ほどで着いたガラガラ沢の入口に当たる八方山第二ケルン周辺の稜線は、ウインドクラストした固い雪となっていた。亀田は「いつもの通り、八方尾根の雪だ」と感じた。

亀田にとってガラガラ沢とは、「滑ったら最高におもしろい斜度の適当な沢」である。昔から地元のスキーヤーとかよそから来る登山者、スキーヤーが春のざらめ雪の時期に滑るルートであったけれど、スキー場のコースではない山岳エリア、つまりバックカントリーと呼ばれる雪山にパウダースノーを求める人が増えて、冬季に滑られるようになった場所がガラガラ沢だと思っている。特にここ五年、スノーボーダー、スキーヤーといったさまざまな人がガラガラ沢を滑るようになり、トレ

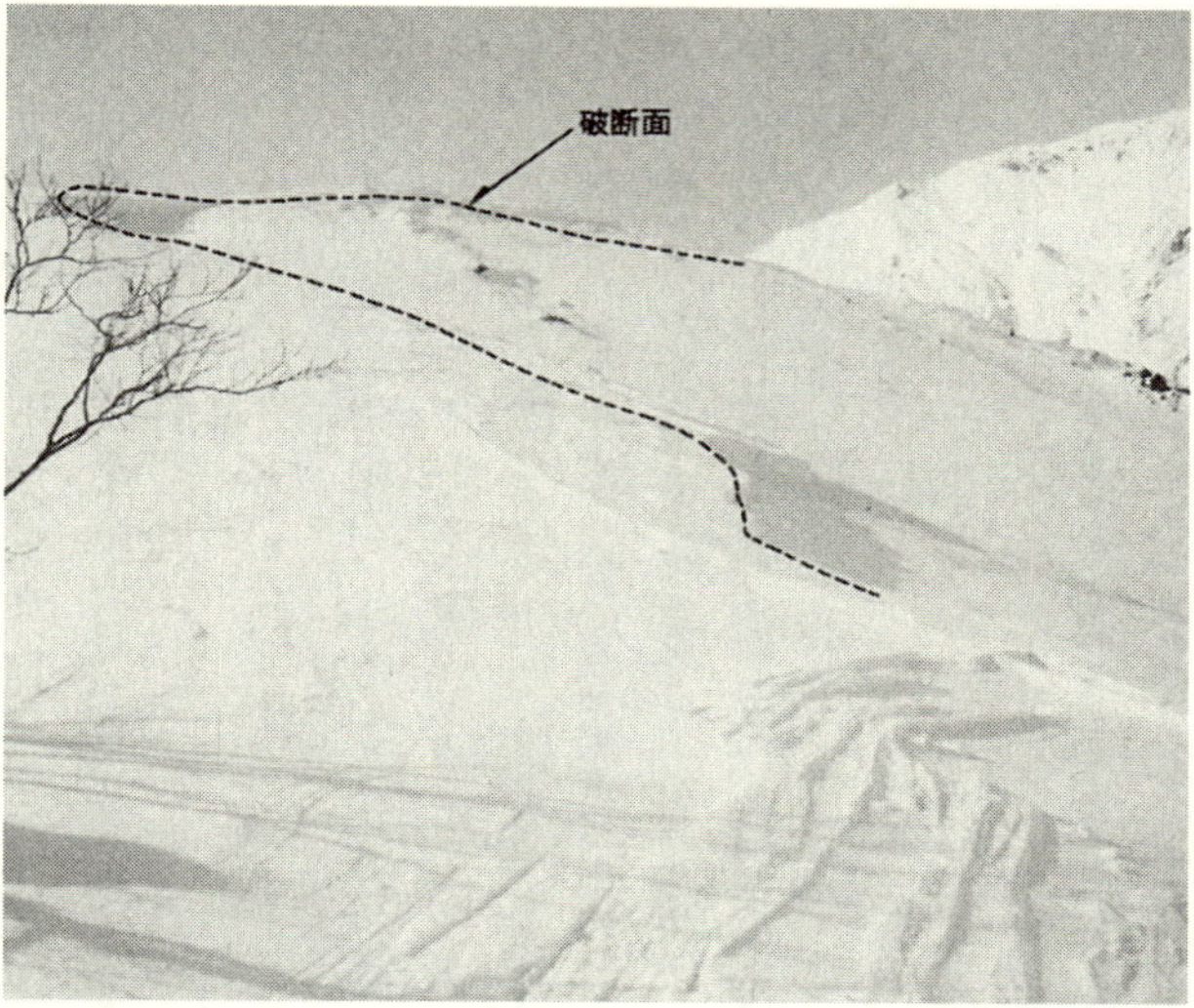

ガラガラ沢入口から見た雪崩現場。ニュージーランド人３名は左の岩が混じる尾根上から滑降し、雪崩を誘発した

ースが増える傾向にあることを亀田はつぶさに見てきた。白馬は、二〇〇一／〇二シーズンまで、スキー場でのスノーボード滑降が禁止されていたために、ガラガラ沢に注目するスノーボーダーが多いのではないかと思うが、実際のところ、冬季にガラガラ沢を滑るのはスノーボーダーよりも地元のテレマークスキーヤーが多い。

ガラガラ沢と総称される八方押出沢の入口は、横に広くて斜度が余りなく、樹木の乏しいオープンな斜面になっている。午前中、早い時間に家を出発したが、亀田たちが八方押出沢への下り口に来たときには、すでに十数本のシュプールが刻まれていた。亀田たち五人は、いつものように八方押出沢へ向かって真っ直ぐ沢の源頭を滑り降りると、先行者たちのシュプールを避け、新雪を求めるためにすぐに左手のガラガラ沢との中間尾根にあるダケカンバが生えている丘を目指して滑っていった。スキーは雪に沈まず、滑りやすい雪だった。亀田たちが滑っていく八方押出沢は、標高差一〇〇〇メートルもある沢で、ハイマツとダケカンバが少し生えているもののほとんどが雪に埋まり、真っ白な斜面となっている。八方押出沢は下るにつれ沢幅は半分になり、さらに下るとまた半分の沢幅になって、最後はとても狭い沢になってしまう。もし雪崩が起きれば、雪が集中してくる下流でとてつもないエネルギーを爆発させることになるだろう。

「こんな沢の中でランチを広げてのんびり食べるなんて危険すぎてできない。八方押出沢の途中で休憩するようなことはせず、一気に下ってしまいたい」と亀田はいつも考えている。

雪崩発生

八方押出沢の中間くらいまで滑降すると、尾根上で飛ばされた雪が吹き溜っているために、パウダースノーとなって快適になった。亀田たち五人は、久しぶりに快晴となったバックカントリーでのパウダースノーを満喫した。谷がますます狭くなるガラガラ沢と八方押出沢の出合を過ぎ、南股入沢出合を下った付近で外国人と日本人の三人パーティのスノーボーダーが亀田たちを追い抜いていった。これで二十人ほどのスキーヤーとスノーボーダーが、ガラガラ沢を二月十九日に滑ったことになる。奥宮地平、下宮地平へと下っていき、南股入沢を左岸へと徒渉しようとしたとき、それまでまったく風など吹いていなかったのに、一陣の風が上流から吹き始めた。突然の風だったため、「ワァー」と仲間たちが声を上げたほどだった。風が収まると、今度は雪がふわっと舞い始めた。その瞬間、「雪崩だ」と亀田は思った。亀田たちを追い抜いていった外国人たちの三人グループは、徒渉地点で上流を眺めていたので、雪崩が発生したことは亀田たちよりも先に気がついていた。

雪崩はすぐに収まった。

「どうする?」と、亀田はリーダーと思われる外国人チャーリー(仮名・三十一歳)に声をかけた。もしかすると亀田たちやチャーリーたちのあとから、八方押出沢に入って滑っている者たちがいるかもしれない。雪崩は、後続の者たちが誘発したのだろうか。カナダ人のスノーボーダー、チャーリーと亀田の二人は仲間たちを先に下らせ、登り直してガラガラ沢の様子を見に行くことにした。

亀田がスキーを履いたまま奥宮地平まで登っていくと、一人の外国人スノーボーダーが下りて来るのに気がつき、チャーリーに「上に人がいるぞ。下りて来るぞ」と声をかけた。下ってきたのは、ニュージーランド人三名といっしょに八方押出沢を滑ろうとしたオーストラリア人、ジョン・ハワードだった。チャーリーがジョンと話をしている。

クレイグ、ジェイムズ、クリスの三人が、八方押出沢の上部からスノーボードで滑り出したとき雪崩が発生し、三人の姿が見えなくなったとジョンは説明した。チャーリーが「雪崩ビーコンを持っているのか」と聞くと、「誰も持っていない」とジョンが答えた。チャーリーと亀田は、雪崩ビーコンを持っている。ガラガラ沢はスキー場の管理エリアの区域外、登山届を出して登る山岳エリアでありバックカントリーと呼ばれる。バックカントリーを滑るなら、起こり得る危険に備えて自分の責任で対処しなければならないと考えている亀田もチャーリーも、雪崩に備えて雪崩ビーコン、シャベル、ゾンデを持って滑っていたのだ。

携帯電話を持っていたカナダ人であるチャーリーが、ニュージーランド人三名の行方不明を八方尾根スキー場パトロールに通報することになる。カナダの常識では、雪崩が発生して行方不明者が出れば、近くのスキー場のパトロールに通報するのが当然のことだったからだ。たとえスキー場のコースでなくても雪崩事故が起きたなら、雪崩埋没者捜索の専門知識を持ち合わせ、捜索のための装備もそろえている最も近くのスキーパトロールが救助に出動することになる。そして雪崩埋没者の捜索は、雪崩の発生した上部斜面から下部のデブリ末端へと行なうのが基本だと、考えられている。雪崩が発生した破断面から下方に向かって捜索していけば、行方不明者と遺留品を捜索しやすいし、上部斜面の雪の状態を把握できる。上部斜面に雪崩れそうな雪がまだ残っているのかどうか、それを把握しなければ、デブリ範囲に捜索に入るのは危険なのだ。雪崩に埋まった行方不明者を捜索するなら、上部の状況を把握したうえで、デブリ末端、雪崩の下部を捜索することになる。

今、チャーリーと亀田、ジョンは南股入沢出合より下流にいる。上部から八方尾根スキー場パトロールが下りて来れば、彼らが登るより早く現場に到着できるだろう。そして上部と下部、双方から捜索した方が効率が良い。チャーリーはそう考えたのだろう。

チャーリーは警察ではなく、八方尾根スキー場スキーパトロールに電話をかけた。日本語のあまり達者でないチャーリーに代わって、亀田もときどき話して、「雪崩が起きた。人が巻き込まれている」との通報が終わる。しかし、八方尾根スキー場のスキーパトロールは、チャーリーの期待に反して、八方押出沢にニュージーランド人三名の捜索に出動することにはならず、白馬村の交番に通報する。

「外国人四人のスノーボーダーのパーティがガラガラ沢で滑っていたところ、三人が雪崩に巻き込まれた」

二月十九日午後三時四十分、長野県警察本部はニュージーランド人三名が行方不明になった雪崩事故の通報を受け、ただちに県警航空隊のヘリを松本空港から出動するよう指令を出したのである。

雪崩現場

雪崩に埋没したニュージーランド人三名が雪崩ビーコンを持っていないとすれば、デブリ上に出ている体の一部や遺留品を捜索するしかない。亀田とチャーリー、ジョンの三人は、南股入沢との出合へと登っていった。

デブリ端末はガラガラ沢と南股入沢の出合の下流、砂防堰堤を乗り越え、標高一〇〇〇メートルまで達していた。

亀田は雪崩を見たこともあるし、二回、雪崩に巻き込まれた経験もある。「ああ、大きい雪崩だなあ」とデブリを見て驚いた。デブリは八方押出沢とガラガラ沢を埋め尽くし、一メートル四方ほどの大きさのブロックが積み重なり、散乱している。沢の上部はブロック状のデブリに埋め尽くされ、下部はブロックの上に雪がかぶっている。雪崩が巻き起こした爆風で舞った雪がブロックの上に積もったのだろう。

地形的に出合から八方押出沢上部を見通すことはできないので、雪崩の破断面を見ることはできなかった。ジョンは、出合の左岸にある丘のようになった高台に登って、ニュージーランド人たちの体や遺留品がデブリ上に見えないかと探している。亀田とチャーリーは体の一部が見つかるかもしれない、何か遺留品が発見できるかもしれないと、ブロックが積み重なり歩きづらいデブリの上をツボ足で登って捜索した。八方押出沢とガラガラ沢の出合からガラガラ沢に少し入った付近がデブリの堆積が多く、埋没の可能性が高そうに思えた。二人は埋没可能性が高いと思われたデブリの上を歩き回って捜索したが何も見つけられず、これだけ大規模な雪崩に埋まったニュージーランド人三名を捜索することは、自分たち二人ではどうしようもないと思った。

クレイグ、クリス、ジェイムズ、ジョンの四人は、八方押出沢を滑ろうと、亀田たちより三時間ほど後に八方山にやって来た。十数本のシュプールの左側につけられた亀田たち五人グループのシュプール、そしてチャーリーたち三人のシュプール、沢の入口となるなだらかな斜面に汚されていない新雪は残っていなかったはずだ。ジョンはビデオカメラを持って来ており、仲間たちの滑りを撮影するつもりだった。

ガラガラ沢の入口から見た雪崩の破断面。ここは風による吹き払いの影響を受け、岩が突き出ているため積雪深が浅く、霜ざらめ雪が発達しやすい

彼ら四人は、シュプールのない八方押出沢上部左手（西側）の斜面、岩が点在する急斜面から滑り出そうとした。そこへ行くには、わざわざ登って行かなければならない。この日一番遅く八方押出沢を滑りに来た彼らは、シュプールのないきれいな斜面で撮影をしたかったのだろうか。残されている斜面は通常なら誰も滑らない谷に向かって左手の急斜面しかなかったのだ。ジョンは、一般的に滑られる八方押出沢の入口付近に立ってカメラを構えていた。

ニュージーランド人三名は日本と季節が反対のニュージーランドから冬の数ヶ月間、白馬村の宿泊施設に働きに来ている。彼らはスノーボードが好きで滑りもうまく、バックカントリーと呼ばれる管理されていないスキー場コース外に、パウダースノーを求めて滑りに行くことが多かった。白馬村にはカナダやアメリカ、オーストラリア、ニュージーランドから来て働いている外国人が少なからずおり、なかには長く白馬村で暮らしている人たちもいる。ニュージーランド人たちは、白馬に暮らしている外国人とバックカントリーで出会ったときに、「一緒に滑ってもいいですか？」と声をかけている。問われた外国人は必ず雪崩ビーコンとシャベル、ゾンデを持ってバックカントリーを滑っている人だ。

「雪崩ビーコンを持っていますか?」

「持っていない」

「どうして雪崩ビーコン持っていないの?」

「村のすぐ裏だから雪崩ビーコンはいらない」

「雪崩ビーコンを持っていないのなら、一緒に滑れないよ。ダメだ」

と、その外国人に同行を断られていた。


二月十九日午後二時四十五分、ウインドクラストした固い雪面をスノーボードのエッジがガリガリと刻む音を立て、最初に滑り出したのはクレイグだ。クレイグはスノーボードが大好きで夏はウエイターとして働き、冬はスキー場で働いていたが、数シーズン前から冬になると白馬村の宿泊施設で働いており、日本語も話せるようになっていた。クリスとジェイムズは、立ったままクレイグが滑って行くのを見ている。二番目にクリスが滑り出す。クリスは高校時代、陸上競技、サッカーをやっていたけれど、一番好きなスポーツはウインドサーフィンだった。週末になると、オークランドのマオリ湾でサーフィンに熱中し、ときには学校が終わってからもサーフィンを楽しんでいる。三年前、白馬村に働きに来たときスノーボードを覚え、けっこううまくなっているが、山より海、ウインドサーフィンのほうが大好きだった。母親には、「三月には帰国する。帰ったらウインドサーフィンをやりたい」と話していた。クレイグ、クリスの滑りを見ていたジェイムズは、三月になって帰国すれば、雪崩の講習を受講しようと計画していた。

クリスが岩と岩の間のウインドクラストした固い急斜面を滑っていくと雪面に亀裂が生じ、ジョンの足元へ向かって一気に走った。ジョンはびっくりして、構えていたビデオカメラを手から落とした。雪面の亀裂はジョンのつま先二メートルの地点まで延びており、もう少し亀裂が走っていれば、ジョンも雪崩に巻き込まれるところだった。

クレイグとクリス、二人の滑りを立って見ていたジェイムズが雪崩に流されていく。斜面を落ち出した板状の雪は粉々に割れ、雪煙を上げた。クレイグ、クリス、ジェイムズの姿が雪煙の中に消えてしまったのである。

厚さ五〇～二〇〇センチという雪崩の破断面は、標高一九五〇メートルの位置に半円状に走り、長さ約三〇〇メートルという大きなものだった。雪崩れた斜面は、八方押出沢とガラガラ沢の両方にまたがっていた。八方押出沢を流れたデブリは、中間の尾根を越えてガラガラ沢にまで進入し、蛇行して流れていた。二つの沢の膨大な雪を集めた雪崩は、南股入沢出合に衝突すると、右手、下流方向へ屈曲して流れ、砂防堰堤下流まで流れていった。

長野県警ヘリがチャーリーの通報から九十分後に現場上空に飛来した。亀田は、県警ヘリがとても早くガラガラ沢の雪崩現場まで捜索に来たと思った。県警ヘリは雪崩の破断面、雪崩の流れた跡、デブリ範囲などを上空から確認すると、チャーリー、亀田、ジョンの三人の姿を見つける。

「大丈夫ですか」と、県警ヘリが亀田たちに呼びかけたので、「大丈夫です」と両手を上げて合図した。すると県警ヘリは、現場から飛び去って行ってしまったのだ。亀田たちは、ひょっとしたら亀田、チャーリー、ジョンの三人を雪崩に流された外国人三名と誤認して県警ヘリが飛び去ったのかもしれないと思った。亀田が白馬村の交番に電話する。

「雪崩に流されたのはぼくたちではなく、ほかの人たちです」

亀田たち三人を雪崩に流された外国人と誤認した長野県警ヘリは、いったんガラガラ沢の雪崩現場から離脱するが、本部からの指示で再び捜索に戻った。けれども日没となり、ニュージーランド人三名と遺留品など何も発見できないまま、十九日の捜索は打ち切られた。

長野県警は午後六時五十分、ガラガラ沢で雪崩が発生し、巻き込まれた外国人三名が埋まったことを、次のようにマスコミに発表した。

「八方尾根第二ケルンから北東五〇〇メートルのガラガラ沢を、外国人四人のパーティが滑っていたところ三人が雪崩に巻き込まれた。通報は雪崩に巻き込まれなかったカナダ人のチャーリーさんが、携帯電話で八方パトロール隊に通報した。県警ヘリが出動して状況把握をした結果、雪崩は標高約一九〇〇メートルの地点で発生し、幅五〇～六〇メートル、厚さ六〇～七〇センチ、長さ一〇〇〇メートルの規模である。県警ヘリは午後五時二十分ころ、ガラガラ沢と本流の出合付近で三人の姿を発見し呼びかけたところ、反応があり、当事者の一人と目撃者と思われ、現在確認中である。なお、いまだ三人の確認が取れない状況にある」

テレビはいっせいにガラガラ沢の雪崩事故を伝え始めた。

ボランティア

カナダ人のデイビット・エンライト（二十八歳）は長野県小谷村にあるスキー場でスキーパトロールとして働いている。そのスキー場は日本では珍しい雪崩コントロールを行ない、雪崩対策にも熱心に取り組んでいる。デイビットは、現在、世界で最も優れていると言われるカナダ雪崩協会のインストラクターでリクレーショナルコースを講習できる資格を持っているのだった。その資格は、スキーパトロールとしての実務経験がなければ取得することができないし、カナダ雪崩協会の講習を受け、レベルⅡの資格審査に合格しなければならない。日本国内でこの資格をもっている人はおそらくデイビットだけだろう。

「カナダ人が雪崩に埋まった」と誤って報道するテレビニュースを、デイビットは夜になって見た。テレビニュースは通報したカナダ人のチャーリーが雪崩に埋まっていると誤解していたのだ。白馬周辺で暮らしているカナダ人は少ないので、ひょっとしたら友人が雪崩に埋まったのかもしれないとデイビットは心配になった。午後八時ごろ、ニュージーランド人たちが働いている宿泊施設のスタッフからデイビットに、「ガラガラ沢で雪崩の事故があって三名が埋まっている。どうしたらいいでしょうか」と、アドバイスを求める電話がかかってくる。おそらく白馬周辺で雪崩のこと、捜索のことを一番詳しく知っている外国人としてデイビットのことを聞いて、宿泊施設のスタッフは電話をかけてきたに違いない。

「雪崩捜索の経験と装備がなければ、夜間の捜索は危険だから止めた方がいい。翌朝、早くから捜索すればいいだろう」とデイビットが答えると、宿泊施設のスタッフはデイビットに捜索に協力してくれるよう頼んだ。「自分は雪崩捜索の知識と技術を持っている。もしも私が雪崩に埋まったときは、ほかの人に助けてもらいたい。それと同じようにガラガラ沢で雪崩に埋まったのが知らない人であっても私は助けたい。外国人であろうと日本人であろうと関係がなく、雪崩に埋まった人を救助すること、それが私の仕事だ」と考えていたデイビットは、協力することにした。翌朝午前五時半に、その宿泊施設に行ってニュージーランド人たちの捜索をどのように行なうか相談することが決まった。こうしてスキーパトロールであるデイビットは、ニュージーランド人たちの捜索を手伝うことになる。

白馬村には信州大学農学研究科の大学院で雪崩を研究している池田慎二（二十八歳）が住んでいた。池田の研究テーマは、「バックカントリーにおけるスキーヤー、

標高差1000メートルを滑れるガラガラ沢全景。中央の支尾根の右がガラガラ沢、左が八方押出沢、雪崩が発生したのは左上の高みとなっている尾根上

スノーボーダーの雪崩事故防止対策を目的とした白馬村周辺での雪崩観測と積雪断面観察」というもので、八方尾根と栂池周辺を観測場所に定め、継続した調査を行なっていた。その夜、留守にしていた白馬村に帰ってみると、雪崩事故が起きたと騒がしい。池田は雪崩研究者として警察の捜索活動に協力したいと思い、白馬村の交番に出向いた。

「捜索で手伝うことはありませんか。必要なら協力します」と伝えたが、「必要ない。明朝から長野県警山岳救助隊が来て捜索する」と言われたのだった。池田は「自分の出る幕じゃないな」と、釈然としない気分で受け止めて、友人であるデイビットの意見を聞いてみようと電話する。

デイビットは行方不明になっているニュージーランド人の捜索のために十本のゾンデとシャベルなど必要な装備を所属するスキーパトロールチームから借用し、仕事を休んで捜索に行く許可を上司からもらった。しかし、ボランティアとして、捜索に参加できる人が不足しそうだった。

「捜索に来た方がいい」

デイビットは、池田に捜索に参加するように言った。

白馬地域の山岳事故を担当するのは大町警察署である。夜になってニュージーランド人たちの雇用主やスノーボード仲間である外国人たちから事情聴取を行ない、十九日の県警ヘリによる捜索が打ち切られたことが伝えられる。

山岳事故が発生して県警航空隊のヘリが出動する場合、搭乗するのは二〜三名の航空隊員だ。事故が航空隊隊員だけで処理できるなら、彼らだけで救助活動を行ない、手に負えなければ地上部隊である県警山岳遭難救助隊（以下、県警救助隊）が出動する。警察の山岳救助の能力を超える場合や多人数が必要になった場合は、民間人で構成される北アルプス北部地区遭難対策協議会救助隊（以下、遭対協救助隊）に出動要請が行なわれることになる。それぞれが本業を持っている遭対協の救助隊員が出動すると、報酬として危険度や救助の内容に応じて、一日三万円〜五万円の日当が必要になる。警察から遭対協への出動を依頼した段階で費用がかかることが前提となるが、一般的には支払能力があるかどうかなど確認することはないという。

十九日夜、大町署から遭対協へガラガラ沢の雪崩事故が報告される。雪崩の規模、ガラガラ沢の状況から救助活動は困難になるだろうと予想され、遭対協救助隊を出動させるのかどうかということになった。出動するなら経費の支払いが問題になる。ガラガラ沢で行方不明になっているのはニュージーランド人、このとき大町警察署は家族と連絡が取れていなかった。そのため雇用主に、「民間の遭対協救助隊や救助犬を出動させた方がいい。出動には経費がかかる」と説明したのだった。

このやり取りを聞いていた日本語が堪能でないオーストラリア人が、「日本の警察は保険がないと捜索しない」などと、ニュージーランドにいる家族や友人に伝えたために、ニュージーランドの新聞では雪崩発生から三日後の二月二十一日の紙面から、「日本の警察が捜索費用の支払いを懸念し、三人の保険の確認に手間取ったために捜索開始が遅れた」との日本の警察の対応を批判する報道へと発展していくことになる。

大町署は、遭対協救助隊の出動は求めず待機要請を行なうにとどめ、地上での捜索は県警救助隊、空からの捜索は県警航空隊が、二十日早朝から実施することを決定した。

雪崩に埋没して十五分以内に救出すればほぼ一〇〇パーセントの生存が可能であるが、時間の経過とともに生存率は低下し、四十五分後には約四分の一になる。二十日朝からの捜索は、遺体捜索となることが予想された。生存を信じるニュージーランド人の友人たちは、その夜、雪崩救助犬を手配しようとしたが調整がつかなかった。もしかしたら生存しているかもしれないと、ガラガラ沢の出合まで行って三人の名前を叫び、食料と寝袋を置いたのだった。

捜索の相克

大町署は遭対協救助隊のアドバイスから、「ガラガラ沢は雪崩の巣。数日来の降雪で雪の状態が不安定であり、表層雪崩が極めて発生しやすい」と、ガラガラ沢遭難現場の雪崩の危険性が非常に高いと考えていた。県警山岳救助隊は危険なガラガラ沢に入ることを避け、周辺での捜索、航空隊ヘリは上空からの捜索を実施する方針を事故当日の夜に決めていた。

二月二十日午前七時、五名の県警救助隊員は八方尾根ゴンドラ駅終点から雪上車で捜索の前進基地となる八方池山荘へ出発し、南股入沢へ向かう県警救助隊員六名も、午前七時に白馬村の交番を出発した。このときには昨夜の方針決定を変更し、地上からの捜索は現場で判断して決定することになっていた。県警ヘリは、八方尾根では降雪のために視界が二〇〇メートルほどしかなかったために松本空港で待機となる。

午前五時半、デイビットと池田はニュージーランド人たちが働いていた宿泊施設に行くと、ジョンが撮影した雪崩発生前後のビデオ映像を見せてもらった。雪崩が発生した場所の地形状況、雪崩の流れ、彼らが埋没している可能性が高いのはどこか。デイビットは、映像からできる限りの情報を得ようと思った。捜索に参加するのは、二人のほかにはカナダ人やオーストラリア人など外国人ばかり六人だけ。ゾンデを十本用意したが、ボランティアで捜索に参加する人は、全部で八人しかいなかった。

八方尾根の県警救助隊は午前九時、八方山にある第二ケルンに到着する。天候は雪、視界は約三〇〇メートル、新雪が二五センチ積もっていた。「旧雪が固く、その上に新雪が積もっている状況から、雪崩の危険が極めて高く捜索現場へは進入できない」と判断していた。雪崩はその原因となる弱層があり、積雪の安定度が悪ければ発生するのであって、固い旧雪の上に新雪が積もっただけでは雪崩は発生しない。二股発電所から南股入沢に入っていた県警救助隊は、午前九時二十五分、ガラガラ沢の出合に到着する。

大町署は、八方尾根と南股入沢の県警救助隊からの報告を受け、捜索現場に入ることは極めて危険であることから、八方尾根での情報収集活動だけにとどめ、捜索を行なわないことを決める。

デイビットたちが二股発電所から林道を歩いて南股入沢のガラガラ沢出合に到着したのは、午前十時十五分、県警救助隊の六名は左岸の台地の上に待機していた。

日本語のうまいデイビットが、県警救助隊員に話しかける。

「これからどういう捜索をしますか?」

「今は危ないから捜索に入りません」

「どうして危ないですか? どんな危険がありますか?」

「雪崩が起きたから危険です。気温も上がっている。雪崩の危険があります」

デイビットが測定すると気温零度C、雪温氷点下二度Cだった。ガラガラ沢の標高差を考えれば、雪崩の発生した付近の気温は氷点下五度Cくらいと推測できた。

視界はあまり良くないものの、ガラガラ沢の下から四分の三ほどまで見えている。

雪崩が発生したあたりは見えないが、沢の中の雪は昨日の雪崩でほとんど落ちているようだ。部分的に沢沿いには雪が残っているが、落ちたとしても大量でなく、下までは来そうもない。雪が落ちる可能性は低いと思われ、気温と雪温からも雪崩の危険性はないだろう。ガラガラ沢でのゾンデ捜索は危険性がないと、デイビットは判断した。

八人のなかでゾンデ捜索の経験があるのはデイビットと池田の二人だけだ。ボランティアとして捜索に参加している外国人たちは、行方不明になっているニュージーランド人たちのために何かやらなければならないという気持ちだけが非常に強かった。

「ガラガラ沢の上部から人が入らないように確認してもらえば、ゾンデを使って埋没の確率の高い所を捜索するのが良いのではありませんか？　私たちはゾンデ捜索を行ないたい」

県警救助隊は、デイビットたちがガラガラ沢に入ることに反対した。

「自分の責任で入りますよ。一緒に捜索をしませんか？」

「警察は一緒に捜索することはできません」

安全と判断したデイビットたちは、県警救助隊の反対があったけれど捜索を開始することにする。埋没可能性の高い区域は三ヶ所だとデイビットは判断していた。一番目はガラガラ沢と八方押出沢の合流点より上部に見えるデブリの多く堆積した場所、二番目は雪崩の流れの方向が変わっている南股入沢との出合付近、三番目はデブリ末端だ。

県警救助隊隊員が無線で連絡をとった後、「一緒に捜索を行なう」と、協力してゾンデ捜索を行なうことになった。県警救助隊は「絶対、ガラガラ沢に入ってはいけない」と主張するので、ボランティアと県警救助隊員たちは、南股入沢とガラガラ沢との出合周辺から捜索を開始することにした。デイビットは二次雪崩を警戒して、見張りのために三名を配置した。県警救助隊からも一名が見張りについた。

県警救助隊の六名の服装は山岳救助隊として申し分のないものだったが、ストックを繋いで使用するゾンデと旧式の強度の弱いゾンデしか持っていない。ストックを繋ぐゾンデは、固いデブリの捜索を行なうとたいていは壊れてしまい、強度の弱いゾンデはすぐ曲がってしまう。デイビットは余っていた二本のゾンデを県警救助隊に貸した。カナダと比べると、県警救助隊のレスキュー装備は不充分で、雪崩捜索の技術が乏しいように感じたのだった。

カナダで雪崩事故が起きた場合、カナダ雪崩協会か警察の雪崩専門家が現場に行き、捜索の実施の可否や方法を判断する。捜索は基本的には雪崩の発生した上部からデブリ末端へ向かって行なわれる。上部へ入るのが危険と雪崩専門家が判断すれば、下方からの捜索が行なわれる。しかもカナダでは、科学的な観測データを基にした「雪崩予報」が出されているので、雪崩の危険性についての情報を得ることができる。

午前十一時三十分、大町署は「視界は比較的良いものの、気温が八・五度Cと急上昇し、ミゾレの状態で雪崩の危険が極めて高くなってきている。南股入沢出合の県警救助隊は、警戒のために見張り員を置いて、雪崩の末端部分を中心に午後二時までの予定で捜索を実施する」と発表する。

午前十一時、南股入沢の出合からゾンデ捜索が始まった。ボランティア五名と県警救助隊五名、合わせて十名が一列に並んでゾンデ捜索を行なう。固いデブリにゾンデを突き刺す捜索は、腕力を必要とする重労働であるが、一時間に十分だけの休憩というペースで続けられた。出合のゾンデ捜索が終わると、下流のデブリ末端周辺へ捜索範囲を移動した。デブリ下部には氷のブロックが多くあって、ゾンデが当たる感覚が人と紛らわしく、ひとつひとつシャベルで掘って確認していく。捜索はかなり手間取った。

ゾンデ捜索を開始して三時間、二つの埋没可能性の高い区域の捜索が不完全ながら終わった。交代要員もなく、ぶっ続けでゾンデ捜索したボランティアは疲労していた。もしこのとき、交代の人がたくさんいれば、もっと広い範囲をもっと早く、もっと確実に捜索できただろう。ニュージーランド人たちを助けたいとだけ思っていたデイビットにとっては、捜索の人員が少ないことと時間が限られたことがとても残念だった。できるなら雪崩の発生した破断面からデブリ末端まですべての範囲を捜索したい。特に最も埋没の可能性が高いと判断していたガラガラ沢と八方押出沢合流点上部の捜索ができないことが心残りだった。この区域は雪崩発生を通報したチャーリーと亀田がデブリの上を歩いて捜索しただけで、まったくゾンデ捜索の手がつけられていなかったのである。

午後二時、県警ヘリがガラガラ沢を上空から捜索するため雪崩が誘発される可能性があり、下部は危険だという理由で、ボランティアと県警救助隊のゾンデ捜索を終了する。午後二時二十分、松本空港を離陸した県警ヘリは、午後二時四十分から三時十分ごろまでの三十分間、現場上空を飛行して捜索を行なったが、手がかりになるようなものは何も発見できなかった。「ヘリからガラガラ沢の雪崩現場を捜索しても、真っ白い平らな斜面に見えるばかりで手がかりは見つからない。地上を歩いて捜索しなければ、小さな遺留品などは発見できない」と、ガラガラ沢に入って捜索できなかったデイビットは残念に思うばかりだった。

こうして雪崩発生から二日目の捜索が終わる。

長びく捜索

捜索を終えて白馬村に戻ったデイビットたちは、警察と遭対協との三者で捜索方法の意見交換を行なった。雪崩発生から三日目となる二月二十一日、デイビットと池田が県警ヘリに搭乗して、ガラガラ沢を上空から見たうえで八方尾根に降り立って、雪崩現場の捜索を行なうことになった。一方、大町署は遭対協に「地元から手伝いに出てもらわないと収拾がつかない」と、待機していた遭対協救助隊の出動要請を行なった。県警救助隊九名、遭対協救助隊五名、救助犬一頭とハンドラー二名、スノーボード仲間のボランティア十五名の計三十一名は、南股入沢から捜索に入ることになる。県警山岳救助隊三名、デイビットたち三名の計六名が、八方尾根へ捜索に入ることになっていた。

午前六時、約束の時間に白馬村の交番に行くと、警察官は誰もいなかった。ヘリポートに行ってみると、「県警ヘリへの搭乗は無理だ」と言われるばかりで、理由を説明されない。「昨日は私たちが県警ヘリに搭乗する案があったのですが、どうなっているのですか」と言っても、返ってくる言葉は「無理だ」のひとことだけ。デイビットは自分が雪崩の専門家だという自負心があり、雪崩に埋まって行方不明となっている人たちを助けたいという純粋な気持ちを強く持っていただけに、一度は搭乗を認めていた警察の対応の変化が理解できなかった。結局、デイビットの気持ちは警察官には伝わらない。

日本では警察のヘリに民間人が搭乗を認められることは、まずあり得ない。消防防災ヘリの場合でも同じだ。問題なく搭乗できる民間人とは、救助される遭難者本人だけと言えるかもしれない。デイビットは、そういった日本の規則を分かっていなかった。

北アルプス北部遭対協救助隊のリーダーには降旗義道がなった。南股入沢出合に着くと、降旗はルッチブロックテストによる弱層テストを行なった。ブロックを切り出しているとき、深さ四〇～五〇センチのところから簡単に雪の層がずれて剪断《せんだん》した。二メートルの深さまで掘って、ブロックに人が乗らない状態で圧をかけると、霜ざらめ雪の弱層があったのか、雪の層がずれて剪断した。降旗は「雪崩の危険が高い」、「ガラガラ沢に捜索に入るのはダメだ」と判断せざるを得なかった。このルッチブロックテストを見て、ボーダー仲間も捜索に入れないことを納得できたのではないかと降旗は言う。

二月二十一日午前九時、南股入沢出合の天候は、風速一〇メートルの風が吹いて吹雪、視界約二〇〇メートル、気温は氷点下六・八度C、新雪は四〇センチ以上も積もっていた。二十日より気温は下がり、季節風が強まっていた。八方尾根では風速二〇メートルの強風が吹いて吹雪、視界はまったくなかった。南股入沢出合に入った県警、遭対協、ボランティアの救助隊は、捜索活動を断念して全員、昼過ぎに下山した。

二月二十二日も吹雪だった。県警救助隊十二名が南股入沢出合まで入ったが、沢筋には新たな雪崩の発生もあってガラガラ沢の捜索は行なえず、県警ヘリも松本空港に待機せざるを得なかった。

雪崩発生から五日目となる二月二十三日、白馬周辺の天候は回復し、快晴となった。ガラガラ沢で雪崩に埋まったニュージーランド人三名の生存の可能性は、もはやまったく考えられなくなった。白馬村にニュージーランドから到着した三名の家族が県警ヘリに搭乗し、ガラガラ沢の雪崩現場を上空から見ることになり、デイビットと池田は八方尾根に登り、雪崩発生箇所の調査を行なった。南股入沢では県警救助隊九名と救助犬一頭と訓練士が入り、捜索を行なうことになっていた。

デイビットと池田は、「雪崩発生場所から下には行かないように」と警察に指示される。二人は雪崩の専門家としてニュージーランド人三名が行方不明になったガラガラ沢の雪崩の発生箇所で積雪断面観察を行なって、雪崩の発生原因を調べておきたかった。そういった調査をしなければ、なぜ雪崩が起きたのかが分からないままになり、事故を防止することができないのだ。雪崩が発生した八方押出沢上部斜面周辺では、デイビットが見た限りでは、二月十九日の雪崩発生以後の降雪は雪崩の滑り面の上に五~七センチほどしかなかった。八方尾根に吹いた風によって雪が吹き払われるため、ほとんど積もっていなかったのである。デイビットには破断面周辺に残っている雪が少なく、落ちそうだとは思えなかった。

破断面からデブリ末端まで下って捜索と調査をしたかったが、警察の指示に従わざるを得ない。デイビットが池田をザイルで確保して破断面まで下ろすと、ピットを掘って積雪断面観察を行なったのだった。

破断面から見ると、ガラガラ沢の源頭全体の雪が雪崩落ちていることが分かった。クレイグたちは、岩場が交じるガリガリのウインドクラストした斜面から滑り出し、そこから八方押出沢源頭に破断面が延びていた。

南股入沢出合では、降旗が再び弱層テストを行なった。積雪は二十一日に比べて少し安定していると判断できたので、救助犬とハンドラー、県警救助隊員二名とともに出合周辺の捜索を行なった。降旗たち以外の救助隊員は、左岸の台地の上で見張りについて捜索を見守った。デブリの上には雪が降り積もっているために、デブリ範囲は明瞭ではなかった。木の枝でデブリ範囲を示すマーキングがあったので、「この辺がデブリかな」と判断できる程度だった。救助犬はニュージーランド人たちの手がかりをまったく感じなかった。埋没して五日目となっているので、人間の匂いや音がまったく雪面まで上がってこないのか、捜索している範囲内に埋まっていないのか分からない。五月七日になって発見されたモアットの遺体は、救助犬が捜索している範囲よりもっと下流にあったのである。雪崩発生から時間が経過しているために、降旗たちはデブリ末端を正確に把握することができず、埋没可能性の高い区域を捜索できていなかった。もちろん、埋没可能性が最も高いガラガラ沢の中まで入って捜索することもできなかった。

雪崩発生から六日目の二月二十四日、天候は悪く吹雪、県警救助隊九名、遭対協救助隊三名、救助犬一頭が南股入沢出合に入るが、捜索は行なえない。七日目の二月二十五日は南股入沢出合へ入ろうとした県警救助隊五名は、雪崩の危険を感じて途中から引き返した。午後になり県警ヘリがガラガラ沢を上空から捜索したが、手がかりはなかった。八日目の二月二十六日、県警救助隊員五名が南股入沢出合に入るが、気温が上昇して雪崩の危険があるとの判断で、捜索活動を行なわなかった。県警ヘリは、午前中に上空からの捜索を行なった。このほか捜索前進基地とした八方池山荘には、毎日、県警救助隊員二名が出動している。

長野県警は雪崩発生から八日目の二月二十六日午後二時をもって、県警救助隊による捜索活動の中断を決定し、次のような「今後の捜索方針」を発表する。

雪崩事故現場のガラガラ沢は雪崩発生後、数回におよぶ降雪があって、新たに約二メートルの積雪があり、全体の積雪は多い所で九～一〇メートルとなっている。さらに約四十度の斜面が迫っており、雪崩による二重遭難の危険性が極めて高く、捜索したい現場に入れない。

雪崩事故の発生以降、八日間にわたり地上および上空から捜索を実施し、地上ではゾンデ捜索、救助犬などにより捜索可能な範囲内の捜索を終了した。

以上のことを総合的に検討した結果、現場へ部隊を投入しての地上からの捜索は困難と判断し、二月二十六日をもって打ち切ることにした。二十七日以降は、ヘリによる上空からの捜索を継続して実施し、ニュージーランド人三名の発見に努める。

海外では雪崩に埋没した行方不明者の捜索が長期化することは少ないという。たいていは一日目に発見され、もし一日目に発見できなければ二日目にはもっとたくさんの捜索人員が投入され、どんなに長くても三日目までには発見されることが多い。雪崩の危険性があるときは火薬を使った雪崩コントロールが行なわれ、捜索現場の危険性は除去される。捜索に入らないより、雪崩コントロールを行なってでも救助隊の安全性を確保したうえで捜索することが優先されるのだ。たとえ不明者の体がデブリの上に見えていたとしても、雪崩コントロールを行なうのが海外のやり方だ。

こうしてガラガラ沢で雪崩に埋まったニュージーランド人三名の事故直後の捜索は終わる。たしかに長野県警による捜索活動は、保険の確認に手間取り出動が遅れたわけではない。通報から九十分後には県警ヘリが現場に出動しているし、八日間にわたり県警救助隊、県警ヘリが捜索に従事した。しかし、雪崩研究や雪崩教育、雪崩救助の先進国であるカナダ、アメリカ、スイス、ニュージーランドなど諸外国の雪崩救助の進め方とあまりにも乖離《かいり》し、捜索すべきときに捜索しない、捜索が消極的だと、外国人たちの目に映ったのも事実である。日本の雪崩捜索の常識が、欧米のそれとかけ離れていたのだ。

長野県警はガラガラ沢の二次雪崩発生の危険性を極めて高いと判断して、埋没の可能性が高いガラガラ沢内部に救助隊を一切入れなかった。そこは、通報したチャーリーと亀田が、雪崩発生直後に短時間、デブリ上を歩いて捜索しただけである。雪崩発生の危険性についても「旧雪が固く、その上に新雪が積もっている」と判断し、雪崩が発生した破断面近辺での科学的なデータを収集することもなかった。

長野県警の雪崩捜索に科学的な手法が反映されていれば、外国人たちの誤解も防げたように思う。もちろん、自己責任が当然の山岳エリアであるガラガラ沢をスノーボードで滑るのに、「裏山だからいらない」と、雪崩ビーコンもゾンデもシャベルも携行しなかったニュージーランド人たちに事故の責任があったのは言うまでもなく、厳しく批判されなければならない。

亡くなった三人の最年少であるジェイムズ・ゴードンの母親は、事故後にニュージーランド国内各地の学校を回り、「もし雪崩ビーコンを身につけていたら息子は発見されるチャンスがあったと、捜索に参加した友人に言われました。バックカントリーに滑りに行くなら雪崩教育を受け、雪崩ビーコン、シャベル、ゾンデを持ってほしい。これらの装備は七〇〇ドルあればそろえられる」と、基本的な雪崩対策装備を購入していなかった息子のことを悔やみ、「子どもたちの命の値段はいったいいくらですか?」と、雪崩事故の防止と危機管理を訴えているという。

三月になると、県警救助隊員たちは毎週一回、南股入沢に入り遺体捜索を行なった。雪が解けはじめる四月になると、毎日、南股入沢に入った。五月七日、南股入沢の出合から一〇〇メートル下方のデブリ末端付近で、雪に埋もれているクレイグ・モアットが県警救助隊員によって発見される。県警救助隊は、その後も遺体捜索を継続して、クリス・コスターの遺体は六月十二日、ジェイムズ・ゴードンの遺体は六月十九日、雪崩に埋もれてから約四ヶ月後に収容された。こうして献身的な県警救助隊の活動によって、ニュージーランドの三人の遺体は家族の元に帰ることができたのだった。

八方尾根の積雪特性

信州大学農学研究科修士課程の学生で雪崩を研究している池田慎二は、デイビットとともに雪崩の破断面付近に観測ピットを掘り、積雪層構造、雪質、硬度、雪温、弱層テストなどの積雪断面観測を行なった。二月二十三日は弱層テストを行なっても、顕著な弱層を確認することができなかったという。理由は、観測した日は氷点下十度Cと気温が低く、積雪層に凍結した部分が多く、雪崩の発生した十九日と積雪の層構造が変化していたためだ。ニュージーランド人たちが雪崩を誘発した十九日は、晴天で日射が強く、気温と雪温が高かったと考えられ、ざらめ雪や霜ざらめ雪は融解して不安定な状態になっていたと推測される。つまり〝濡れた霜ざらめ雪〟の状態になっていた可能性が高いという。理由は、この不安定な〝濡れた霜ざらめ雪〟の上に薄いウインドクラストした層があり、スノーボーダーの滑走の刺激によって割れたことにより雪崩を誘発したと考えた。

ニュージーランド人たちのグループは、支尾根から所どころ岩が突き出た急斜面に滑り降り、ほかの人たちは、後に雪崩が発生する破断面上を滑って通過しているが、その近辺には岩が突き出ていない。雪崩が発生した場所では、風によって積雪が強く影響を受けていた。池田は、ほかのスキーヤーとスノーボーダーが滑走した場所では雪崩が発生せず、ニュージーランド人たちが滑走した場所で雪崩が発生した原因を調査するために、積雪が風によって吹き払われる場所を観測地点に加え、白馬地域の積雪特性の解明を二年間にわたって取り組んだのだった。

その結果を「白馬バックカントリーにおける雪崩対策に資する積雪特性の研究」(二〇〇二年)という論文にまとめている。

池田は雪の硬度に注目し、白馬の積雪を四つのタイプに分類した。

Aタイプ・積雪表面から地面に向かうにしたがって硬度が増す層構造

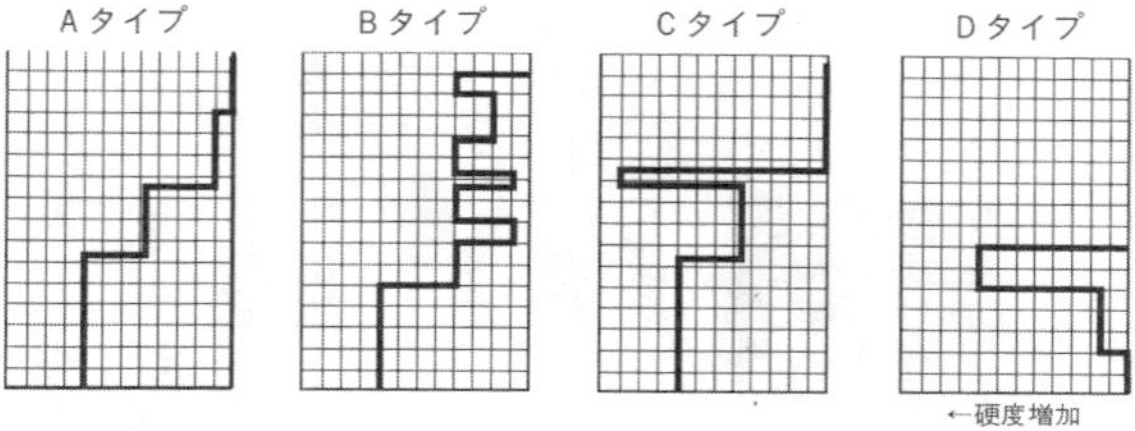

積雪硬度分布パターン分類(図①)

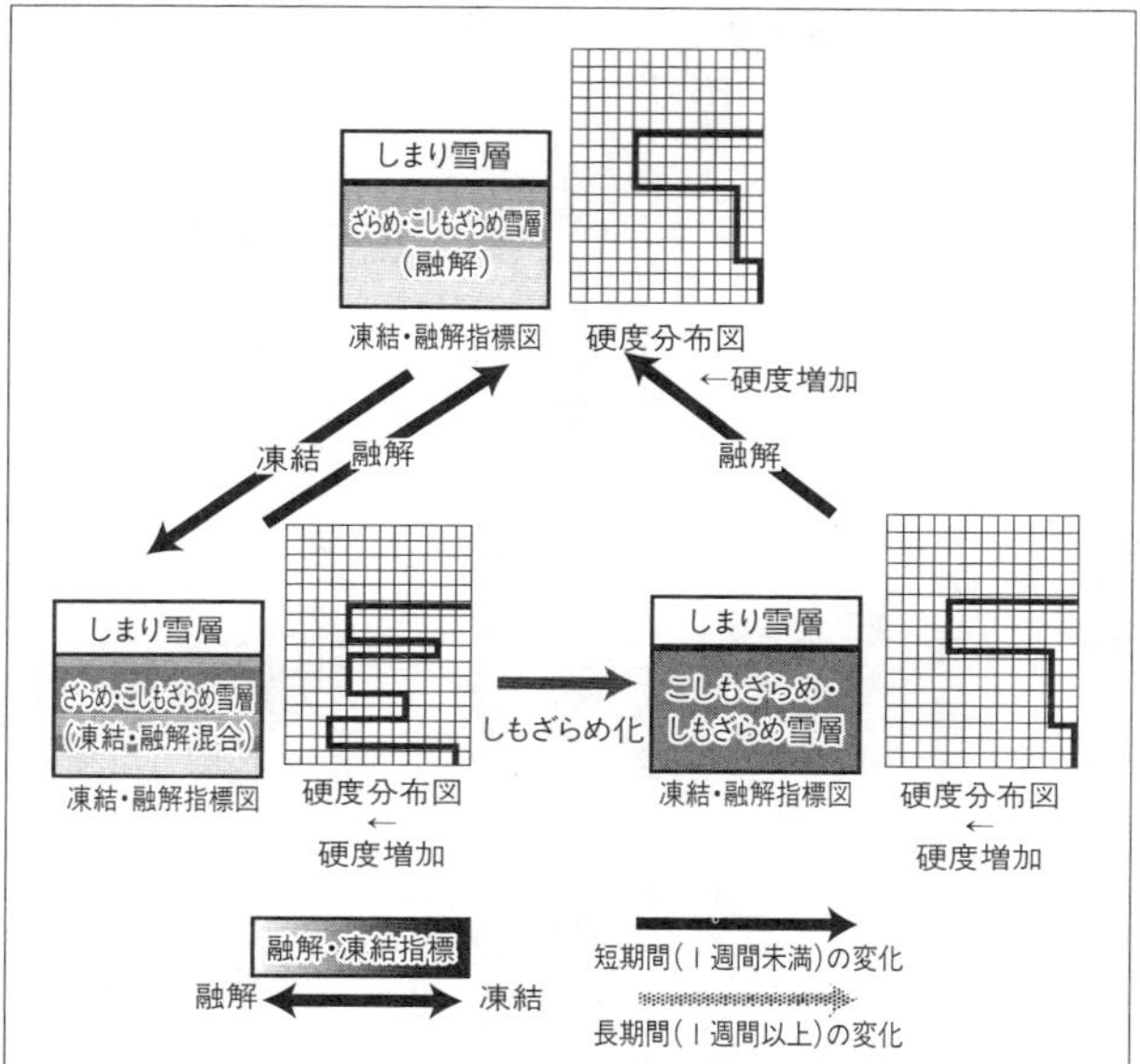

Dタイプの融解・凍結・霜ざらめ化による硬度変化(図②)　池田慎二は雪の硬化の変化に注目し、白馬の積雪を4つのタイプに分類。これはDタイプ

Bタイプ・硬度の変化が激しく規則性をもたない層構造
Cタイプ・凍結ざらめ層、あるいはウインドクラストの上に新雪が積もることにより、著しく硬度が変化する層構造
Dタイプ・積雪表面から地面に向かうにしたがって硬度が下がる層構造

Aタイプは風、日射、降雨、強い湿度勾配などの影響が少ない海洋性の積雪に特有なもので、白馬地域では最も多く観測され、層構造は安定して雪崩の危険性は低い。Bタイプは、樹木がないために、風や日射の影響を受けやすい八方尾根で多く観測され、層構造は安定して雪崩の危険は低い。Cタイプは、高温、日射、降雨により融解、凍結、あるいは強風により積雪表面が固くなった後に降雪により埋没すると形成される層構造で、不安定なために雪崩の危険が高い。Dタイプは、風の吹き払いによって積雪深が浅くなる八方尾根で観測された、積雪深が浅いことから強い温度勾配がもたらされ、地面近くからの霜ざらめ化と激しい温度変化により、ざらめ化が交互に起きることによって形成される層構造で、不安定なために雪崩の危険性が高い。これは内陸性の積雪の特徴に類似したもので、ガラガラ沢の雪崩が発生した場所の積雪層構造がこのタイプだった。

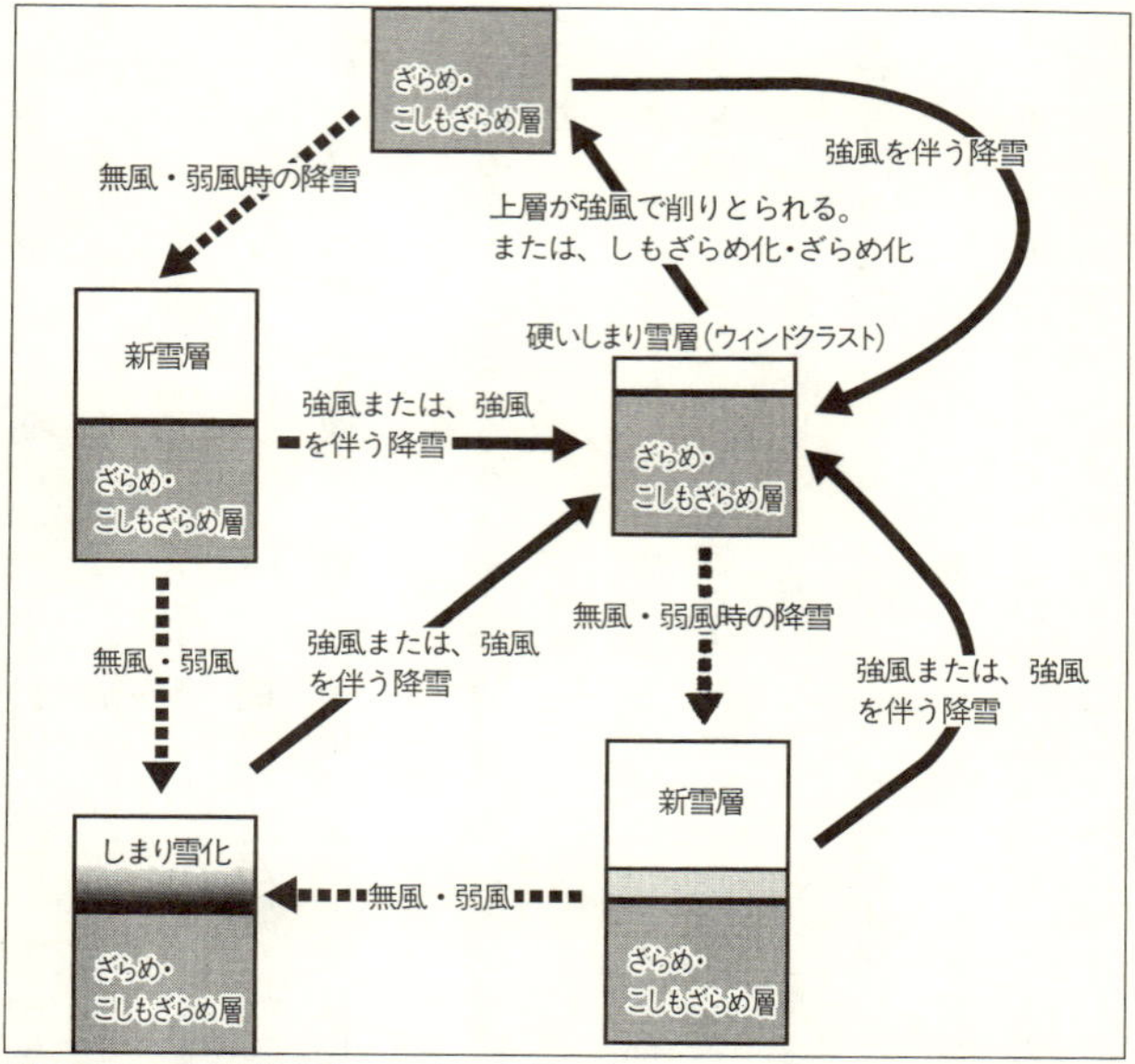

積雪表層の変化（図③）　硬度の変化が起きるとともに、風の強弱、降雪によって、積雪表層も変化する霜ざらめ化以外は、すべて短時間（１時間未満）で起こり得る

白馬地域の積雪特性は、厳冬期においても日射、高温、降雨によって積雪が融解し、融解と凍結を繰り返していることだ。凍結時には積雪は安定し、融解時には不安定になり、非常に短期間で安定性が激変する。しかも風の影響を強く受けるため、雪の吹き払い、吹き溜りが発生し、局所的に積雪構造が異なっている。

Dタイプの積雪構造の融解・凍結・霜ざらめ化による硬度変化を、池田は図②のように図式化した。

このような硬度の変化が起きると同時に、積雪表層（上載積雪）も変化しており、図③のように図式化される。

池田はこれらの観測結果から、ガラガラ沢雪崩事故の積雪層構造は、雪崩発生箇所周辺の積雪深が浅くなっていたために、積雪層の下部が日射や外気温、地温の影響を受け、大きな温度勾配と激しい温度変化にさらされ、こ霜ざらめ、ざらめ層が形成され、事故当日の気温上昇によって融解、不安定な状態になっていたと結論づけた。

北アルプス北部は、海洋性気候で積雪が多い地域である。この雪崩が発生した場所周辺は、樹木がなく強風にさらされているために積雪が風による吹き払い、吹き溜りに強く影響されている。そのため細かな地形変化に応じて積雪状態が著しく変化する。「所どころ岩が突き出た急斜面」は、風によって雪が吹き払われる積雪深の浅い場所であったために、「こ霜ざらめ雪」や「霜ざらめ雪」が局所的に発達していたのだ。しかも破断面付近の雪面は新雪が吹き払われ、ウインドクラストして固く、雪崩の危険度を過小評価しやすい傾向にあったと言える。

北アルプス・剱岳早月尾根　一九九七年十二月三十一日

「遠い頂」

一九九七年の冬は、十二月を過ぎても暖かく、雪が降らなかった。冬の間、北陸や上信越地方の平野部はずっと雪に覆われているようなこともなく、かつて雪国と呼ばれていたことなど昔話としか思えなくなり、ますます地球温暖化によって暖冬傾向が強まったと感じられた。

大晦日夕方のニュースは、剱岳早月尾根で東京の岩峯登高会パーティの三人と新潟の三条山岳会パーティの二人が、稜線上から雪庇の崩壊によって池ノ谷へ転落、一名が死亡、四名が行方不明と報じた。正月の間、この事故の続報が報じられていたが、険しい地形の池ノ谷へ捜索に入ることもできず、事故発生から七日目の一月六日、行方不明者の捜索が打ち切られた。

事故から一年後、岩峯登高会の『遠い頂——剱岳遭難報告と追悼集』が発行されたという新聞記事を見た。雪庇崩壊によって転落と報じられていた事故は、新雪表層雪崩に巻き込まれての事故だったと記事は伝えている。雪庇崩壊でなく雪崩事故であったことに驚いた私に、「非常に優れた遭難報告書だ」と友人が知らせてきたので、岩峯登高会に報告書を送ってくれるように依頼した。

手にした報告書は二八〇ページという部厚いもので、事故の状況、その後の遺体捜索、追悼文と読み応えのある内容だった。何より、包み隠さず事実を明らかにして事故原因を追求しようという姿勢が明瞭だ。八人のうちリーダーを含む三人が生き残っている。私は、どのようにして早月尾根の雪崩事故が起きたのか、彼らから話を聞きたいと思った。

私には仲間を失ったリーダーのつらさ、生き残った者たちの心情がよく分かる。同じ体験を私もしてきたからだ。しばらく時間をおけば、生き残った彼らから話が聞けるのではないかと、私は時が過ぎゆくのを待つことにした。

剱岳早月尾根から池ノ谷へ五名が消えてから四年後の夏、私は彼ら三人に「話を聞かせてほしい」と電話をした。

西澤哲雄（四十九歳）の仕事は建築業、年が明ければ五十歳になる。新潟県の三条市にある三条岩峰山岳会は、岩壁登攀を中心に活動する山岳会で設立は古く、昭和二十五年、会員は七、八名という小さな会だ。一人で植物採集のために沢登りをしていて登山のおもしろさに魅力を感じた西澤は、二十歳のころに三条岩峰山岳会の人と知り合って入会した。それ以来、谷川岳、剱岳、穂高岳周辺といった名の知れた山々の岩壁や地元の明星山《みょうじ》や三条市近辺の岩壁を一年中登攀してきた。若いころなら休日に山に行かないのは年に数日しかないほど、岩壁や氷壁の登攀にのめり込んでいたものだ。

三条市近隣の燕市、長岡市、新潟市にも小さな山岳会があって、岩登りに情熱を燃やす者たちがいた。所属する山岳会が違っても、岩場で顔を合わせたりしているうちに親しくつき合うようになり、ザイルを結んで山に行き出した。なかでも燕山岳会の東樹《とうじゅ》義夫（四十六歳）は、山への情熱の入れ方が際立っていた。ソ連のパミール国際キャンプに参加して幾つかの七〇〇〇メートル峰に登り、公募登山隊に加わって世界第二位の高峰K２へ遠征した。東樹は、K２に登頂することはできなかったが、そのときの隊員たちとカラコルムのウルタルⅡ峰へ登山隊を組織して遠征している。会社勤めはウルタルII峰遠征のときに辞めてしまい、今は建築関係の仕事を一人でやっている。

最近、精力的に山に行く会員が減ってしまい、三条岩峰山岳会は活動が低調になるばかりだった。山に行くのは西澤と最年少の会員、永井敏明（四十一歳）ら、わずか数人になってしまった。しかも登山人気が衰えたのか、若い会員がまったく入ってこない。西澤たちは、三条岩峰山岳会を復興させるためにごく普通の登山、登山道から頂上に登るという市民登山会を催すことにした。若い人の参加は少ないけれど、四十～五十人の中高年登山者が、毎回、数多く参加してくれ、中には三条岩峰山岳会に入りたいという人も出てきたので、会員として受け入れることにした。会の名前が「三条岩峰山岳会」ではいかにも岩登りばかりやっている先鋭的な山岳会と思われてしまう。そこで「岩峰」を取り払い、「三条山岳会」に会名を変更することにしたのだった。

西澤は、若いころに比べると山行の回数は減り、登山の目的も写真撮影に変わりつつある。それでも、一番好きな冬の剱岳に登りたいと思うようになった。富山県条例によって入山が規制され、余裕のある日数で計画を立てて登山届を事前に提出しなければならない剱岳は、建築職人という仕事ゆえに長期の休みがとれない西澤にとっては「遠い頂」だったのだ。「一番好きな山は冬の剱岳」と口にするのに、西澤は冬の剱岳に登ったことがない。永井にしても長期の休みを取りづらい事情は同じだ。一九九七年秋、西澤は永井と「今度の正月、冬の剱岳に登ろう。ルートは、小窓尾根か早月尾根」と相談した。永井は春の剱岳、小窓尾根や主稜の岩壁を東樹と登ったことがあったが、東樹も冬の剱岳には登っていなかった。西澤と永井は、東樹も誘うことにした。

こうして名前を変えたばかりの三条山岳会の西澤と永井、燕山岳会の東樹の三人が、正月の剱岳を目指すことになった。永井は写真が趣味で、西澤には黙っているけれどコンテストに応募したりしている。東樹も山には必ず一眼レフカメラを持って行く。「写真撮るなら早月尾根がいいな」ということになったのである。

岩峯登高会

武藤孝則（仮名・四十九歳）も、三条山岳会の西澤と同じように年が明けると五十歳になる。自然の中に身をおいて鍛え上げられた人物特有の清々しさを漂わせ、引き締まった筋肉質の小柄な体は若々しい。自然の中で生きていれば悟る自然の厳しさ、そのことを知り尽くしたかのような風貌の男の背筋はぴんと伸びている。その風貌は二十五歳から三十二歳までの八年間、剣沢小屋の小屋番として、山で暮らしていたことが影響しているかもしれない。小屋番として山に籠っていた一九七五年夏、初めて劒岳に登ったのを皮切りに一九八二年に小屋番を辞めるまで、冬季には小窓尾根から早月尾根下降、赤谷尾根から北方稜線を経て早月尾根下降など、劒岳の多くの稜線と岩壁に足跡を残したし、遭難が起きれば現場に駆けつけ富山県警山岳警備隊と力を合わせて救助することもたびたびあった。

武藤が所属する岩峯登高会は、昭和三十五年に設立された岩壁登攀を志向する少人数で厳しさを求める山岳会だ。合宿山行をするというより体力や技術の向上は個人に委ねられ、何かあったときは会員同士が助け合うという自由な雰囲気の山岳会だと武藤は思っている。一九九三年に十八人の会員だったのが、九七年には四十五人に増えていた。組織は大人数になってしまったが、会員の登山志向は少人数時代のままだった。

劒岳の源治郎尾根や八ツ峰を冬期に登攀していた武藤は、この四年、劒岳西面の早月尾根と小窓尾根をルートに選び、若い会員を連れて正月山行を繰り返している。年末から年始は、社会人山岳会にとって最も登り応えのある長期山行が行なえる時期だ。岩峯登高会は、九二年以降、毎年正月の剱岳にパーティを送り込み、ことごとく成功させている。岩峯登高会では、新人会員が冬山の洗礼を受ける山、それが剱岳になっていた。

一九九七年の年末、武藤がリーダーになり、五人パーティで剱岳の赤谷尾根から北方稜線を経て登頂し、早月尾根を下降する計画が立てられた。この冬は十二月初旬にまとまった雪が降ったのに、その後は暖冬となって、ほとんど降雪がなかった。雪が異常に少ないため赤谷尾根の下部はヤブ漕ぎをさせられそうだと分かり、しかも、体力のある会員が一人参加を取りやめたことから、雪が少なくても登れ、技術的にもやさしい早月尾根から剱岳往復に計画が変更された。出発を予定していた十二月二十九日の十日ほど前のことだ。

二十五日になって「早月尾根ならぜひ参加したい」と小瀬川彰人（仮名・四十八歳）から武藤に電話があった。小瀬川は、武藤と同じように冬山の経験が豊富だった。冬の甲斐駒ヶ岳、谷川岳、穂高連峰などの岩壁登攀を数多くこなし、剱岳も七六年正月の早月尾根を登ったのを手始めに、九四年五月までに九回も登っている。しかもトライアスロンが趣味で、体力は抜群に強い。武藤は小瀬川の体力と経験なら早月尾根は大丈夫だし、ほかの若いメンバー三人の経験不足を補ってもらえて好都合だと思い、パーティに加えることにした。

若いメンバーは、小田切直文（仮名、三十歳）、梶井英三（仮名、二十九歳）、岩瀬義人（仮名、二十九歳）の三人だ。小田切は高校で山岳部に入部して本格的に登山を始め、大学に入ると自分で山岳部を創設して縦走中心の登山から岩壁登攀へと指向の幅を広げていく。卒業後の二年間は会社員生活を送っていたが、山岳ガイドになることを目標に会社を辞め、九六年十一月に岩峯登高会に入会した。

梶井英三は登山が好きな父親の手ほどきを受けて子どものときから野外生活に親しんでいて、大学時代はワンダーフォーゲル部に所属して、縦走主体の登山をやっていた。就職すると登山からはちょっと距離をおいた生活になっていたが、再び登山をやりたいと九六年十月に岩峯登高会に入会、月に二、三度は岩登りに通っていた。

新潟県長岡市出身の岩瀬義人は、雪国育ちだけにスキーがうまく、登山も好きだったのでかなり冬山に登っていた。より充実した登山をする仲間を求めて岩峯登高会に入会し、去年の正月には早月尾根を往復して剱岳に登り、二年連続しての早月尾根からの剱岳登頂になるはずだった。

岩峯登高会の若い三人とリーダーの武藤は、十二月二十九日昼過ぎに、東京都内を車で出発、小瀬川はその日の夜行列車で富山に向かい、三十日朝、上市でみんなと合流することになっていた。

フキノトウ

三条山岳会の西澤と永井、燕山岳会の東樹は、十二月二十七日に車で三条を出発し、北陸自動車道を走ってその夜、剱岳の登山口である伊折に到着した。車道にはまったく雪がなかったので、伊折のゲートを三、四キロ過ぎた所にテントを張って泊まった。二十八日は朝から激しい雨が降っていた。西澤は「入山していきなり雨とはイヤだな」と思い、しばらく様子を見ることにした。いくら暖冬とはいえ剱岳の麓だから入山中に伊折にも雪が積もるだろうと考えて、少し雨脚が弱くなった十時ごろに、車をゲートまで移動させ馬場島へと歩き出した。標高七六〇メートルの

上市へ
馬場島
中山
1255
白萩川
松尾平
池ノ谷
奥ノ松尾
早月尾根
早月小屋
大窓
池ノ平山
2561
小窓尾根
小窓
小窓ノ王
三ノ窓
獅子頭
石倶
2600メートル峰
雪崩発生地点
2900
剱岳
2999
源治郎尾根
前剱
2813
一服剱
剱山荘
剣沢小屋
別山
2880
剱御前
2777
剱御前小屋
室堂へ
立山川
毛勝谷
東大谷
クズバ山
1876
小又川
大日山谷
西大谷山
2087
大日岳
2501
大日小屋
奥大日岳
2606
室堂乗越
0
2km

馬場島は立山川と白萩川の出合にあり、剱岳西面の早月尾根や小窓尾根への登山口になっていて、ここから剱岳（二九九九メートル）山頂までは、二二三九メートルの標高差を登らなければならない。

馬場島の派出所に登山届を提出して「山探」の貸し出しを受けた。「山探」というのは小型の電波発信機で、もし登山者が行方不明となったときには発信されている電波をヘリに搭載したレーダーで捕え、位置を割り出すことができる。剱岳に入山する者は、必ず携行することになっているのだ。

小雨が降っていた馬場島から、西澤、東樹、永井の三人は早月尾根を登り出した。登るにつれて雨は湿っぽい雪に変わっていき、標高一〇〇〇メートル付近の松尾平を過ぎると積雪も四、五〇センチになり、標高一三〇〇メートル付近にテントを張ることにした。西澤は、冬には必ずどこかの山に行っていた三条周辺の山仲間たちと三、四年前からバラバラになってしまい、山行を共にすることがなくなっている。永井とは去年の冬、西穂高岳から奥穂高岳を登ったものの、東樹を交えて三人で山に行くのは久しぶりだった。西澤は、一番好きな冬の剱岳に永井と東樹の三人で登れることが嬉しくて、山の話題より、早月尾根のテントの中で三人そろって酒を飲めることが楽しかった。新潟のうまい酒を三人で飲もうと、四合ビンを一本ザックに入れてきたはずなのに、口にすると「なんだ?」と声を上げるほどまずかった。ラベルをよく見れば、栃木の酒だ。新潟の酒と思い込んでザックに入れた西澤の失敗だ。新潟の酒が一番うまいと思っている新潟県人の三人は、笑った。そんなことさえ楽しくなるテントの夜だった。

夜が明けると小雪模様で、新雪が数センチ積もっている。荷物が重くて快調とまではいかないが、それでも十二時には標高二二五〇メートルの早月尾根に着いてテントを設営した。大陸から高気圧が移動してきたために冬型は一時的に緩み、天気は次第に良くなって青空が広がってきた。晴れているときに写真を少しでも撮影しておこうと、西澤たちはカメラを持って早月尾根の標高二六〇〇メートルまで登った。早月小屋に駐在している富山県警山岳警備隊隊員が、「十二月初めにまとまった降雪があって以降、雪がほとんど降っていない」と言っていたとおり、小窓尾根や剱岳主峰の岩壁は雪がついてなく、黒々としている。三人は、青空に聳える剱岳や険しい小窓尾根の良い写真が撮れたことに満足してテントに帰った。

十二月三十日、前日までの強い冬型の気圧配置が一時的に緩んで好天となったが、日本海北部に気圧の谷が生まれ、四国沖の太平洋には低気圧があって北上していた。南岸低気圧が東海沖を通過後、強い冬型になって雪が降り出した。剱岳一帯は視界が悪く、西澤たちが幕営している早月小屋付近は雪となり、停滞することにした。

西澤たちが停滞していた十二月三十日、武藤をリーダーとする岩峯登高会の五人パーティは上市からタクシーで伊折に入り、馬場島まで歩いた。話に聞いていたとおり雪が少ない、というよりほとんどなかった。道路端に腐った雪がこびりついているだけだし、年末というのに朝から雨が降っている。馬場島で富山県警山岳警備隊に、メンバーが小瀬川に変わった変更届を提出して、山探の貸し出しを受けたが、派出所の周りにはフキノトウが顔を出していた。昨年末に続いて早月尾根を登りに来た岩瀬は、フキノトウを見て本当にびっくりした。新潟県長岡出身の岩瀬には、正月にフキノトウが芽吹くなんて信じられなかったのだ。

小雨はやまない。準備を終えた武藤たちは、積雪二〇～三〇センチ、泥混じりのぬかるんだ雪を踏んで早月尾根を登り出した。四、五十分登って十分休憩するペースで、行動して二回目の休憩で「奥ノ松尾」と呼ばれる平坦地に着いた。ここからは急に積雪量が増えて、周りの景色は冬山になり、雨は体が濡れるような湿雪に変わった。武藤たちの山行は、予備日を入れて一月三日までの五日間、ザックは冬山の装備と食料に膨み、それなりの重量になっている。元気な岩瀬が快調に飛ばして歩き、後からついていく小瀬川に「ゆっくり行けよ」と声をかけられている。梶井のザックが一番大きく、歩き方が初々しい。きっと本格的な冬山は初めてなのだろうと武藤は思った。小田切は余裕のある表情を浮かべて黙々と歩きながら写真を撮ったりして、「やっぱり、早月はきついですね」などと話しかけてくる。若い三人より体力的にははるかに勝っている四十九歳の武藤と四十八歳の小瀬川は、後からのんびりと登っていった。久しぶりに雪を踏みしめて歩き、みんなくつろいで冗談を言い合い、和気あいあいとした入山初日の行動だ。

標高一九〇〇メートルでアイゼンを付け、午後三時には早月小屋に着いた。

さすがに標高二二五〇メートルの早月小屋まで登ってくると冬の天気だ。風も強くなり、雪も激しさを増した。体を濡らすような湿雪は、ふわふわの粉雪に変わった。風が比較的弱い小屋の東側に、五人が泊るテントを設営する。ふわふわの粉雪だけに踏み固めるのに時間がかかり、一時間ほどかけてテントの設営は終わった。

南岸低気圧が通過した午後から強い冬型になり、剱岳一帯に寒気が進入、午後四時二十分、富山地方に雷・波浪注意報が出された。夜に入ると、降雪はいっそう強まっていった。

弱層テスト

岩峯登高会の武藤たちのパーティは、午前五時には起床して朝食をすませ、明るくなったら出発しようと態勢を整えていた。昨日からの雪は朝までに三〇センチほど積もり、まだ降り続いているし、視界が良くないうえに東大谷方向からの西風が強かった。明るくなった午前七時になっても雪はやまず、視界も依然として悪く、西風も強いままだった。

午前七時三十分になると、強風に吹き払われていく雲の隙間に青空が見え出した。剱岳の頂上稜線からは強風に巻き上げられる雪煙がたなびいているが、テントサイト周辺の風は少し弱まってきたように思えた。停滞の日に、じっとして動かずテントの中にいるという行動を武藤はしない。たとえ停滞であっても、ラッセルをしてトレースをつけ、ルートを覚えるために登るというのが武藤の流儀だ。その方が経験のない若い会員のためになると思っている。冬山の出発時間としては遅すぎるが、若手が頑張ってくれればなんとか劔岳の頂上に立てるかもしれない。たとえ今日、登れなかったとしても明日の行動のことを考えれば、ラッセルをしてトレースをつけておいた方が良いに決まっている。

ほかのテントからは、出発する気配がなかった。

早月小屋を出て標高二四五〇メートル付近まではラッセルがつらい急尾根が続く。七、八張りのテントが設営されている早月小屋横のテントサイトの雰囲気として、誰かどこかのパーティがトレースをつけるのを待つような登山者心理が働くのかもしれない。

午前八時十五分、岩峯登高会のパーティはテントを出発していった。

歩き出しは武藤がトップに立った。膝が潜るほどのラッセルをしながら、小屋の陰の吹き溜りを武藤はトレースを踏み外さないように登っていく。吹き溜りを抜けると、トレース跡にはふんわりとした新雪が膝ぐらいまで積もっていた。ピッケルを雪面に突き刺し、トレースを探りながら歩き、武藤は新雪の様子を確かめていた。武藤は、八ツ峰や源治郎尾根、北方稜線と冬の劔岳をかなり登攀してきており、十年、十五年と剱岳の雪質を見てきたつもりだ。昔の剱岳の雪は粘着力が強く、雪面にたくさん新雪が積もっていても下の旧雪さえ固ければ落ちるようなことはなかったと思う。最近の異常気象、暖冬傾向になってからというもの、雪の粘着力が全体に弱まっているように感じている。そのために新雪がたくさん積もった斜面を歩いていると、ある瞬間、雪が落ちてしまうようになった。昔の剱と今の剱の雪は違う、雪崩れやすくなったと思うのだ。武藤は、自分がトップに立ってトレース跡をラッセルしながら斜面を登り、「これなら登高にさしつかえない」と、積雪が安定し安全であることを確信した。

「トレースを踏み外さないように行ってくれ」と言って、トップを若い会員たちと交代した。

三条山岳会の西澤たちのパーティも、晴れれば剱岳に登ろうと起床していたが、七時になっても吹雪いていたのでテントの中で悠長に構えていた。ほかのパーティが出発していく気配がしたため、テントの外を見ると青空が見えていた。「俺たちも行こう」、慌てて出発の準備に取りかかった。西澤は行動を起こすなら、この日に剱岳に登頂するつもりでいた。出発時間が遅くなったためにビバークする事態を想定してツエルト、コンロ、食料、九ミリ四五メートルのザイル二本を持っていくことにした。

午前九時、三条山岳会のパーティは、岩峯登高会のパーティより四十五分遅れて出発した。

西澤は『最新雪崩学入門』を読んで、自分なりに雪崩の勉強をしていた。雪崩ビーコンを買おうとまでは思わなくとも、「弱層テスト」は冬山に行くとやるようにしていた。出発してすぐの斜面で、西澤は、アイスバイルを使って雪を掘り「弱層テスト」の一つ、「新田式ハンドテスト」をするために、円形の雪柱を作った。軽く力を入れて手首を手前に引くと、雪柱は雪面から三〇センチほどのところがずれて動き、簡単に切れた。「手首に軽く力を入れただけでずれた層は、弱層なのだろう。これはかなり気をつけなければいけない」と思い、「雪の状況に気をつけた方がよい」と、東樹と永井に言った。弱層の雪質が何なのか、そこまでは分からなかったものの、昨日から降り積もった三〇センチの新雪の下に、かなり危険な弱層が存在することを西澤たちは認識したのだった。

雪の状態を意識しながら、西澤たちは岩峯登高会のトレースをたどって登っていく。新雪の下にある古い雪の層はしっかりと固く、アイゼンもピッケルもかなり効いた。「斜面の上部から表層雪崩に襲われるような所はないし、仮に登っている足元の新雪層がずれて動いてもピッケルがしっかりと古い雪の層に刺さり、アイゼンの爪が食い込んでいれば耐えられるだろう。手首でずれる危険な弱層があったが、大丈夫ではないか」と、西澤たちの雪崩への警戒感は薄れていった。

岩峯登高会に入会して一年が過ぎたばかりの梶井と小田切には、余りラッセルをさせたくないと武藤は考えていた。ただ、小田切は大学の山岳部で山をやり、立山の文部省登山研修所での冬山研修を幾度も受けているし体力もあるから、トップに立ってラッセルを任せてもよいだろう、本格的な冬山経験のない梶井は、早月尾根みたいなルートではトップに立たせるわけにはいかない。小田切と二度目の早月尾根になる岩瀬には安心して歩ける尾根上でのラッセルを頑張ってもらい、急斜面の登りや雪面を押し出すようにして下る危険な部分は、必ず武藤がトップに立ってみんなを導いていこうと考えていた。自分と同じように経験豊富な小瀬川については、トップに立ちすぎるのは若手の教育に良くない。そこそこにラッセルをしてくれればと思っていた。

厳冬期の剱岳周辺。中央が剱岳、右下に延びているのが早月尾根（『試練と憧れ』から複写、富山県警山岳警備隊撮影）

「今年の早月尾根は楽だ。普段ならラッセルが深くて掻き分けながら登るのに、ぽこぽこと歩いていける」

武藤の一九九七年十二月三十一日の早月尾根への印象だった。

午前十時三十分、早月尾根の標高二六〇〇メートル付近で三条山岳会の三人が、前を行く岩峯登高会の五人に追いついた。

西澤と永井は、一昨日の黒々とした岩壁が新雪をかぶり厳冬期の様相になった風景、早月尾根を登っていく自分たちや岩峯登高会の人たちを点景に入れて撮影することに夢中だった。東樹だけが撮影にそれほど関心を示さず、岩峯登高会の後について登っていく。

武藤は、東樹に話しかけた。

「ぼくらは獅子頭まで行って、そこから下るつもりです。トレースがあれば三時間で早月尾根に下れるでしょう。よろしく」

武藤はテントサイトから劔岳頂上まで七時間、下山に三時間かかるとみていた。暗くなる前、午後四時ごろにテントに帰り着くには午後一時ごろには下山を始めなければならない。ラッセルがかなりあった今日のペースでは、獅子頭の上くらいで時間切れになるだろうと予想していた。

岩峯登高会と三条山岳会のパーティは、追いつ抜かれつといった感じでラッセルを交代しながら標高二七〇〇メートルにある烏帽子岩付近まで登った。右手の東大谷から雪混じりの西からの烈風が吹き上げてくる。

武藤は「新雪が三〇センチも降ったばかりでちょっと怖いな」と思っていたので、雪崩が起きそうな危険斜面になると自分一人が離れて先に登り、様子を見ることにしていた。二五〇〇～二六〇〇メートルの斜面は雪が少なくてハイマツが露出し、雪崩れそうな気配をまったく感じなかった。烏帽子岩付近の急斜面の岩場を先に行く三条山岳会の三人を、トップに立った武藤が左側の斜面を登って追い抜いていく。岩瀬が二番手で武藤のあとを追うが、なかなか追いつくことができず、烏帽子岩上部の少し傾斜が緩くなった所でラッセルを交代した。岩瀬は冬の剱岳という名の知れた山で、ラッセルできることが楽しい。初めて早月尾根を登った去年、雪崩のことを心配して雪崩ビーコンとパーティの無線機のほかに自分の無線機を持って来るほど慎重に構えていた。けれども池ノ谷や東大谷に雪崩で流されたらどうしようもなく助かる可能性がないと分かり、今年は雪崩ビーコンを置いてきた。無線機も一台あれば充分と思って自分のを持って来なかった。剱岳早月尾根のことを知らないで恐れていた去年と、今年は違う。けっこう細い稜線や急斜面が出てきても高度感がさほどあるわけでもなく、怖いと思うほどの斜度もない。所どころ、部分的にすっぱりと切れ落ちた細い稜線は確かに怖いと思ったが、急斜面にアイゼンを効かせて登るラッセルが楽しいと思う気持ちの方が強かった。

トレースをはずすと太股くらいまで潜り、いい加減にアイゼンを置くと表面の新雪が崩れ、足場がズズーッと崩れてしまう。息を切らせながら二本槍ルンゼの上部からやや左に進み、少し傾斜が落ちて短いがかなり細い稜線を越えた。そこから右へ向かい、広い尾根に出ると、左手、池ノ谷側は雪が深く、右手、東大谷側はクラストして歩きやすかった。強い西風によって、池ノ谷側に吹き溜りが生じていたのだった。

岩瀬はクラストした東大谷寄りを歩いていった。後ろにはやや間隔が開いて小田切が続き、すぐ後ろに梶井がいた。汗をかきながら岩瀬はトップを登り続ける。さすがに長くラッセルしていると、息が上がってつらくなった。獅子頭と呼ばれる標高二九〇〇メートルの岩峰が近くに見えてきて、やや左に向きを変えた所で息を切らせながら立ち止まった。

「代わりましょうか？」と、小田切が声をかけてくれたのでトップを譲る。

そこまではピッケルを雪面に刺し、残る片手も雪面に添えるような急斜面を登り続けてきたが、小田切にトップを代わるとほぼ平坦な広い尾根に出た。その正面には獅子頭の岩場があって上部からザイルを使って人が下りてくる。見上げると、早月尾根と別山尾根の分岐の標識がよく見え、剱岳頂上から下ってくるトレースがはっきりと見えた。

「これでラッセルから解放される」と岩瀬は思い、武藤の後ろ、四番手に入って獅子頭の岩場に向かって歩いていく。下降してくるパーティは、東大谷側に寄り過ぎているようだ。武藤が大声で叫ぶ。

「東大谷側に寄り過ぎているぞー」

福岡山の会の四人パーティ（杉山洋隆、島津好男、北川博英、堀永敏克）は、十二月二十七日に福岡を出発、長野県大町市の扇沢から入山し、黒四ダムからハシゴ谷乗越しを経由して、二十八日に源治郎尾根に取り付き、三日をかけて剱岳に登頂した。三十日夜、彼らは剱岳山頂直下にテントを張って泊まっていたが、夜が明けてもまったくのホワイトアウト、強風が吹きすさび動くことができなかった。午前八時三十分、一気に剱岳周辺が晴れ始め、目も開けられないほどの猛吹雪をおして早月尾根の下降を開始した。アイスバーンとなったルンゼを懸垂下降で下り、腰上までのラッセルに苦しみながらカニのハサミの岩場を巻いて下ると、獅子頭の岩峰上に出た。

獅子頭の北面には鎖が設置されており、杉山が、鎖伝いにトラバースして獅子頭西端の手前でザイルを確保した。杉山に確保された島津は、斜度五十度、腰まで潜る深い雪の中を下方に向かってトラバースして行くと、カエルを踏み潰したような「ウゴウゴッ」という微かな音を雪の中から聞いた。足元の雪は手ごたえがなく、宙に浮かんでいるような感じだ。「間を開けて！　雪崩れそうだ」と、後続の二人に声をかけた。杉山にザイルを確保されているので「雪崩れても何とかなる」と、さほど恐怖心はなかった。二、三歩進んだとき、島津の一〇メートルほど下の雪面が沈み込んだように見え、幅二〇メートルの雪崩が発生した。破断面の厚さは五〇センチ、雪崩は島津や杉山を巻き込むことなく落ちていった。真っ白な雪面の池ノ谷へと落ちていく雪崩の様子をはっきりと確認することはできなかったが、それほ

早月尾根2600メートル付近を登る岩峯登高会の３人。このフィルムは雪崩に流されたザックの中から回収された（『遠い頂』から複写）

ど大きな雪崩にならなかったように見えた。獅子頭上部の岩場を二ピッチで無事に通過した四人は、ザイルを結んだまま、スタカットでさらに三ピッチ下降した。すぐ下に七、八人の登山者の姿が見えた。

「やった！　これでラッセルも終わる」と、四人は大喜びをした。

「東大谷側に寄り過ぎているぞー」と下からコールがかかり、杉山が分かったと手を上げて応えると、島津に確保されて下降していった。

池ノ谷へ消えた五人

トップを代わった小田切のペースは、かなりゆっくりとしたものだった。獅子頭の岩場を登るにはザイルを使うことになるし、上からはほかのパーティが下降してきているから待つことになる。岩瀬はその間に目出帽とゴーグルをつけようと思い、トレースから一歩、東大谷側に入ってザックを下ろした。小田切がゆっくり獅子頭に向かって登っていくのを見ながらゴーグルと目出帽を取り出そうとしていると、三条山岳会の三人が後ろにやって来た。先頭の東樹がちょっと立ち止まって様子を見ていたが、岩瀬を追い越していく。小田切が岩場の基部まで行って止まり、すぐ

2700メートル付近を登る岩峯登高会の５人パーティと、後に続く三条山岳会パーティ

後ろに来ていた三条山岳会も止まりかけているのを見て、岩瀬は視線をザックに落とした。

岩峯登高会と三条山岳会の七人は、こうして一、二歩の間隔で一列に並んだのだった。

西澤は、この日の剱岳早月尾根の気温はかなり低いと感じていた。フィルムを交換しようとすると、フィルムの端がパキンと折れたほどだから、氷点下二十度C前後の気温だと思った。雪崩の危険だけでなく雪庇の危険についても、西澤たちは気をつけて見ていたつもりだ。獅子頭の岩場の下に来るまで明瞭な雪庇はまったく発達していなかった。「早月尾根を登り出してから、初めてほっとできる真っ平らな所に出た」と思いながら、西澤は岩峯登高会の四人の後ろに並んだ。

武藤もまた、「急斜面や細い稜線を越えていったん平らになり、割と広く、東大谷側がクラストして歩きやすく、ほっとするような場所だな」と感じていた。武藤は、自分たちの後ろに三条山岳会の三人が迫って来たことに気がついていない。福岡山の会が上から下りてきてから、ザイルを出して岩場を登ることになる。先頭の小田切が立ち止まった。武藤は小田切に「どうだ?」と声をかけようとした。その瞬間、音も聞こえず、足元の雪面の変化も感じなかったのに、雪煙に包まれ何も見えなくなり、何がなんだか分からない状況に陥った。

武藤は反射的に一歩、前に「ガァッー」と跳んだ。雪面に倒れこむと、体に染みついた本能的な反射行動をとって、ピッケルを打ち込む。武藤の前にいた梶井の黄色いヤッケが、残像のように武藤の目の前を流れ、消えていくのが一瞬、見えたように思えた。

ふと、「今、自分が立っているのは雪庇の上なのか？　もっと右に寄ったほうがよいかもしれない」と西澤が思った瞬間、いきなり足元の雪面が無くなった。落ちていく西澤は、反射的に手を雪面に突き刺した。だが、柔らかな新雪に突き刺した手は、体を支えることができず止まらない。落下しながら、「ああ、やっぱり雪庇だったんだ」と思い、雪煙に包まれた暗闇の中で、「止まらない！　落ちていく！

これはダメだろうな」との思いがよぎった。アイゼンが固い雪面に触れた瞬間に、西澤はジャンプした。ジャンプすると同時に体勢を整え、右手のアイスバイルを雪面に叩き込んだ。氷化した斜度六十～七十度の急斜面に、アイスバイルのピックはうまく刺さった。そのとき、二〇〇～三〇〇メートル下の池ノ谷を、雪とともに落ちていく一人の姿が見え、青色の服から東樹かもしれないと思った。凄いスピードで落ちていく雪は、池ノ谷が喉のように狭まった大滝に集まって、あっという間に消えていった。

「落ちていった者たちは、もうダメだな」と稜線から五、六メートル下、氷化した急斜面にかろうじてへばりついていた西澤は覚悟した。

倒れ込んだ武藤が頭を上げると、雪煙が舞い上がっていて何も見えなかった。東大谷からの西風に雪煙が吹き払われたので顔を上げると、前後に誰の姿もなく雪面が切れているのが見えた。

「やられた！」

周りには誰もいなかった。武藤は、自分たちが山にやられたのだという現実を思い知った。

岩瀬は七人の最後尾から一〇～一五メートル離れていただろうか。うつむいていた岩瀬は、「バシッ」という乾いた音を聞いた。尾根から雪が落ちるときの雪が切れる音に似ていた。風圧を感じることもなく、近くから聞こえた音とも思えない。

「どこか遠くの斜面で雪崩が起きたのか」と岩瀬は思い、ちょっと間をおいてから顔を上げた。

みんながいたあたりには、雪煙がもうもうと立ち込めていた。雪煙を透かして見ると、一人が倒れているようだ。みんなは岩陰にでも入って隠れているのだろうか。「やられた！」という武藤の叫び声が聞こえた。しばらくすると、「落ちたー、落ちたー」と叫ぶ武藤の声が、剱岳早月尾根に響いた。

雪崩の破断面

西澤は、自分の置かれている状況を冷静に眺めた。立っているのは、池ノ谷源頭の斜度六十〜七十度の氷化した固い急斜面、眼下には標高差一〇〇〇メートル近くの岩場が池ノ谷の谷底へと続いている。「アイスバイルが刺さらなければ、俺は九九パーセント死んでいただろうな」と思いながら西澤は、一歩一歩、慎重に稜線に向かって登っていった。稜線直下、新雪の部分は垂直に一、二メートルの高さですっぱり切れ落ちている。新雪の層は不安定そうに見えた。「自分で登って登れないこともないが、ここで落ちたらどうしようもない」と、稜線にいる武藤たちが落ち着くのを待つことにした。

待つ間に周りを見ると、西澤が立っている左方向の上部から稜線に向かって表層雪崩の破断面が一〇〇メートルほどの長さに走っているのが見えた。破断面から下は、氷化した斜面が剝き出しになっている。「落ちた瞬間には雪庇が崩壊したと思ったが、自分たちは雪崩に引きずり込まれたのだ」と西澤は理解した。

起き上がった武藤はあたりを歩き回り、自分の周りから突然にみんなの姿が消えたのは、いったい何が起きたのか理解しようとした。岩瀬は何でもない安全と思っていた尾根上からみんなが消えたことに恐怖を覚えた。今、自分が立っている場所は安全だけれど、切れた雪面に近づくことがとても危険だと思えた。

「みんながいなくなった」

「どこに行ったんだ」

武藤が叫んでいる。

武藤が雪面から下をのぞき込むと西澤が一人、片手でアイスバイルを雪面に打ち込み、立っている。西澤だけが転落を免れ、ほかの者たちは池ノ谷へ消えたのだ。武藤は、魚津岳友会の二人が早月尾根から池ノ谷に転落して途中で止まったものの、死亡した事故のことを知っていた。そのときは早月尾根からザイルを三本つないで

12月中旬、新雪に覆われた剱岳西面。左は小窓尾根、中央が池ノ谷、早月尾根は右側。(『遠い頂』から複写。富山県警山岳警備隊撮影)

下降して、捜索している。「誰か池ノ谷の途中に止まっているかもしれない、下降して捜索しよう」と思った。五人が転落した現場付近には、支稜が池ノ谷に向かって延びている。「支稜からなら下降できる」、武藤は慌てて下降しようとした。クラストして固くなっている東大谷側を歩いて武藤のそばにきた岩瀬が、「武藤さん、何をするんですか！」とたった一人、ザイルで確保されないままに下降しようとした武藤を押しとどめた。その声で武藤は我に返り、「冷静になって事後処理をしよう」と思ったのだった。

「岩瀬、ザイルを出してくれ」

福岡山の会の島津に確保されて下降している杉山から、二人が行ったり来たりして大騒ぎをしているのが見えた。

「さっきまで黄色いヤッケの人やたくさんの人がいたはずなのに、やけに人数が少ないな」

武藤が下から杉山に叫んだ。

「仲間が池ノ谷に落ちた。無線で連絡をとってくれないか」

杉山を確保していた島津も現場に下降してきた。続いて北川と堀永も下りてきた。

「ほっとできる平らな場所」には東大谷側からの西風で吹き溜りが生じ、あられの弱層の上に上載積雪が増加していた。破断面が斜面に走っていた

無線機をザックから取り出そうとしたとき、アンテナを雪の中に落としてしまった。福岡山の会の人たちが雪の中を素手でアンテナを探したが、見つからない。アマチュア無線の免許を持っている岩瀬に、「アンテナなしでも交信できるのか？」と武藤が尋ねた。

「無理だ」

杉山が、切れた垂直の雪面にピッケルで切り込みを入れ、ザイルを西澤まで下ろすと引き上げた。西澤が稜線にはい上がると、東樹と永井の姿はやはりなく、岩峯登高会の三名と一緒に落下したと聞かされた。

「数百メートル下を一人流されているのが見えた」と西澤は、自分が見た転落直後の出来事を伝えた。池ノ谷を下降しても救助できないことを武藤は悟った。間違いなく五名は池ノ谷に消えてしまったのだ。

三条山岳会の無線は東樹が持っていた。岩峯登高会の無線機も失われている。北川たちが、針金を二本結んでアンテナ替わりにして交信を試みようとしている。

無線交信が無理だと判断した武藤は、早月小屋に駐在する富山県警山岳警備隊に事故発生を一刻も早く伝え、五名の捜索を要請して、県警ヘリを飛ばしてもらおうと下山していった。西澤は携帯電話で警備隊に連絡を取ろうとするが、低温のために電池が消耗してうまく繋がらない。数回、懐に入れて暖めてから発信してもダメだった。武藤は、西澤たちの山岳会名も池ノ谷に転落した二人の名前も知らないまま下山していったので、西澤も下山することにした。

福岡山の会の島津は、日本勤労者山岳連盟が中央アルプスの宝剣岳で行なう雪崩講習会に九二年、九三年と二年連続して参加している。五名が落ちた現場から池ノ谷側の上方斜面を見ると、厚さ五〇～一〇〇センチの破断面があって、雪崩が発生したことが分かった。五名の転落は雪崩によるもので、雪庇の崩壊ではなかった。

岩瀬は下山する前に事故現場の写真を撮ろうとした。そのときになって初めて、斜面に雪崩の破断面があることに気がつき、茫然とした。

「これは雪崩だ。雪崩を誘発して池ノ谷に落ちたのなら、ヘリが飛んだとしても救出は厳しい」

遺体収容

転落を免れた岩峯登高会の武藤、岩瀬、三条山岳会の西澤の三人は、事故現場から下山していった。アンテナを雪の中に失った福岡山の会の四人は、無線交信を行なおうと粘っていた。杉山がビニール皮膜のついた針金から皮膜を剝《は》ぎ取り、アンテナの代用品を作り上げた。北川が馬場島の富山県警山岳警備隊を呼ぶ。

「三条山岳会パーティの二名と岩峯登高会パーティの三名が池ノ谷へ落ちました」

とだけ簡潔に伝えたのだった。

武藤が一時間半で早月小屋にたどり着いたとき、すでに山岳警備隊には福岡山の会からの無線連絡で五名の転落が伝えられていた。このとき、早月小屋のなかでは、「雪庇が崩壊して五名が転落した事故」と受け取られていた。早月尾根から落ちたならそれは雪庇崩壊によるもの、尾根上では雪崩は起きないという先入観が強かったためかもしれない。

午後を過ぎると西から進んできた移動性高気圧が劔岳周辺を覆い、風が収まって絶好の冬山日和になっていた。山は静かだ。西澤と岩瀬はそれぞれ一人で、早月尾根を下山していた。

午後二時四十分、富山県警航空隊のヘリ「つるぎ」が山岳警備隊員を乗せ出動する。午後三時ごろ、「つるぎ」が池ノ谷上空に爆音を轟かせて現われた。

「来た！　来た！」とほかの登山者が声を上げる。

日本の山岳救助で最強ヘリと言われる富山県警の「つるぎ」は池ノ谷へぐんぐんと進入していった。岩瀬は、「雪崩で池ノ谷に流されたのなら、救出は厳しい」と思っていたが、一縷《いちる》の望みを託してヘリを見守っていた。

午後三時二十分、「つるぎ」は標高一九五〇メートル、池ノ谷二股の上部一五〇メートルのデブリ上に手足の一部が出ていた一人の遺体を発見する。二度目のフライトで、現場に山岳警備隊員を降下させ、この遺体を収容して馬場島のヘリポートに下ろし、上市警察署に搬送する。検死の結果、死因は頭部損傷による頭蓋骨骨折だったと診断された。

西澤が早月小屋に着いたのは午後四時ごろ、すでに一人の遺体が「つるぎ」によって収容されたと聞かされる。山岳警備隊員が東樹と永井の服装、山探の番号を質問する。照合の結果、収容された遺体が東樹だと告げられた。

雪崩に埋まった四人の捜索が一月一日から開始された。厳冬期の池ノ谷は雪崩の危険が大きく、ヘリによる上空からの捜索しか実施できない。

一月一日、曇り、標高二四〇〇メートル以上はガス。航空自衛隊小松救難隊のヘりと「つるぎ」が池ノ谷を捜索する。「つるぎ」が標高一七〇〇メートルのデブリ末端で、梶井のザックを発見し収容する。山探の捜索では池ノ谷右俣の標高一九〇〇～二四〇〇メートル範囲の数箇所で断続的に反応があり、デブリ末端では強い反応があった。行方不明の四名は、この二ヶ所付近に埋没していると推測された。そのほか標高二一〇〇メートル付近で手袋、標高一八〇〇メートル付近で青色フードの遺留品が発見され収容される。

一月二日、天候が悪化して視界不良、午後になり「つるぎ」が池ノ谷二俣の下部だけを捜索、手がかりなし。

一月三日、晴れ。「つるぎ」の捜索では手がかりなし。長期化すると予想される遺体捜索のためにデブリ末端、標高一七〇〇メートルの左岸岩場に現在の積雪面、その上に一メートル、二メートル、三メートルの位置をマーキングする。

一月四日、馬場島で雨。「つるぎ」捜索不能。

一月五日、曇りのち雨、ときどき晴れ。視界不良。「つるぎ」捜索不能。岩峯登高会と三条山岳会は、捜索打ち切りを富山県警に申し入れた。

一月六日、雪、吹雪。「つるぎ」捜索不能。

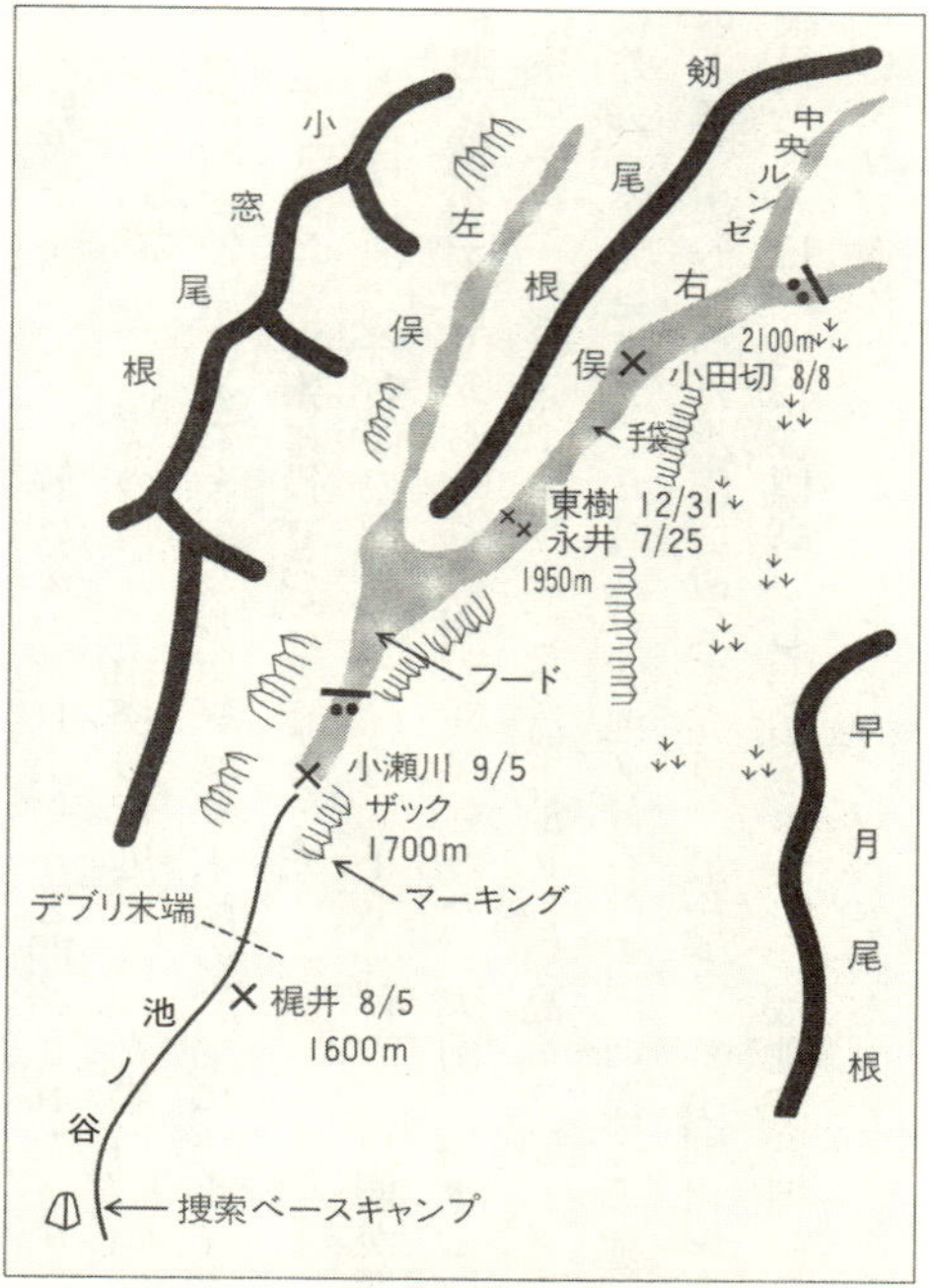

5人の遺体収容地点と遺留品位置　富山県警航空隊のヘリ「つるぎ」によって初動捜索され、後に三条山岳会と岩峯登高会の関係者が遺体捜索を行なった

富山県警は、四名の捜索一時中断を決定。

池ノ谷でデブリに埋もれ行方不明になった四名の遺体捜索は、三条山岳会と岩峯登高会の関係者によって、雪解け後の六月上旬から開始された。山探は電池切れで使用できないため、事故直後の捜索で山探の反応があった場所、遺留品が発見された場所を重点的に捜索することになる。デブリ末端の岩場にマーキングされた積雪面の位置を示す線は、捜索に役立つことになった。

七月二十五日、池ノ谷右俣の標高二〇〇〇メートル付近、東樹が発見された場所とほぼ同じ位置のデブリから永井敏明が発見された。大雨で増水したあとの八月五日、雪渓末端から一〇〇メートルほど下流、池ノ谷標高一六〇〇メートルの沢の中央部で梶井英三が発見され、八月八日、池ノ谷右俣雪渓の標高二一〇〇メートル付近の雪の上に露出していた小田切直文を発見。最後となる小瀬川彰人の遺体は、台風通過後の九月五日、池ノ谷標高一七〇〇メートル、散乱する雪のブロック上で発見され、いずれの遺体も「つるぎ」によって収容された。

こうして雪崩事故発生から約九ヶ月、四名の遺体収容がすべて完了したのである。

生存者の悔悟

東樹と永井、仲の良かった二人の岳友を剱岳早月尾根の雪崩で失った事故直後の西澤は、氷化した急斜面に立って見つめていた破断面の情景を、繰り返し思い出していた。「別の方向で発生した雪崩破断面の末端が、自分たちの足元へ延びてきたのではないか。雪崩が起きたとき、たまたま自分たちがそこにいたのかもしれない。人間が上に乗ったくらいで稜線上に屋根のように積もった雪が落ちるのだろうか。登っている間、気をつけて斜面は見ていたつもりだ。あそこに雪庇はなかったはずだ。それとも自分たちの足元から雪崩が始まって破断面が上方へと走ったのだろうか」と、足元の稜線が雪崩れて仲間が転落していった事故を反芻し、「常に周りに気を配りながら登っていたのに、初めての平らな斜面に無防備になっていた。注意力が欠けていた。自分たちは池ノ谷側に寄り過ぎていたのだ。もっと右に寄って歩いておけばよかった……」と不注意を悔いていた。「雪崩のことは分かっていたつもりでいたが、こういう結果になった。雪崩が発生するのは、常に考えられる所だけではない。考えられないような所でも起きる。雪山は怖いですよ」と言う。

今でも西澤は冬山を登りに行くし、山スキーもやっている。

「雪崩ビーコンを必要とする山には、怖くて一人では行けなくなりました」

事故から四年後の夏、私が会った西澤は精悍な顔つきをした物静かな男だった。深い淵の底から水面を静かに見上げているような冷めた視線、波立たないがとても深い淵を心の中に秘めているような表情だと私は感じた。山仲間を失い自分だけが生き残った者がもつ、特有の心理を抱いているように思えた。

永井の母親が剱岳遭難追悼誌『試練と憧れ』に次のように書いている。

〈「こんなことになって」と西澤さんが涙ながらに頭を下げられましたけど、私は「何を言っているの。一番仲良しのお友達なのに、ひとりだけでも無事に帰れただけで、どんなに良かったか。三人みんな帰れなかったら、何も話を聞くこともできなかった。西澤さんが無事に帰って下さったから、いろいろ話を聞くことができるのだから、そんなに悪く思わないで下さい」と、あの大きな背中を私は涙でボロボロになりながら我が子のように撫でてやりました……〉

武藤は二十五年前、前穂高岳北尾根八峰に向かうとき、尾根上で雪崩に遭ったことがあると言う。

「ピシッという音がして転がされました。尾根でも斜面でもあらゆる所で雪崩は出ると思っています。ある程度の木があっても雪崩は出るんです。登るなら、雪崩が出そうな所にも近づかないといけない。雪崩が出そうなときには、必ずザイルを出して行きます。

弱層テストをやりますけど、リーダーとしての狭間で苦しむんです。悪い所はザイルを出して自分がトップで行きます。でも、早月尾根の事故を経験して数年間は、頂上を目前にしても怖くなって足が進まなくて、引き返すことが何度もありました。ほかの連中は「なんで?」と言いますけど、自分としてはヤバイ、危ないという感覚がするんですよ。芦峅《あしくら》のガイド、佐伯文蔵が言っていた「山は本当におっとろしい(恐ろしい)」という感覚が、あの事故でようやく分かった。気がつくのが遅いんですけどね。足が進まなくて雪面恐怖症になったままじゃいけないと思いましてね、二年後に新人二人を連れて早月尾根に行きました。ここで事故に遭ったら、もう生きていけない。自分でどれだけやれるか、もう一度、自分を見つめ直そうと思い、自分として頂上に立てるのか不安でした。事故現場に立って黙祷しました。あのとき、自分たちは普通にちゃんと歩いてきた。どうして普通に歩いてきたのに、あの事故は起きたのだろう。

トレースを探って歩けと言っていたから左側に寄り過ぎていたかもしれない。みんなが一ヶ所に固まっちゃったし……。あのときから山は厳しい、〝山はおっとろしいな〟とずっと思っています」

私は武藤に聞いた。

「それで、剱岳の頂上には立てましたか?」

武藤は事故の二年後、早月尾根から剱岳に登頂していた。

「警鐘を鳴らさないと、事故がなぜ起きるのか、みんな分からない。今まで私は、事故のことを話したことはなかったんです」

武藤は、そう言った。

「お盆休みは、岩峯登高会の仲間たちと、早月尾根で死んだ仲間の慰霊のために、剱岳の岩場を登りに行きます」と話す武藤と握手して私は別れた。仲間を雪崩で失っても山に立ち向かっていく逞しい山男、武藤に私は敬服させられた。

あられの弱層

早月尾根横のテントサイトを出発してすぐに西澤が見つけた危険な弱層は、剱岳一帯に存在していたと思われる。特に事故の起きた獅子頭直下の斜面は、東大谷から吹く西風によって吹き溜った風成雪が多かった。ほかの場所では三〇センチほどの新雪だったのに、そこでは新雪が四〇～五〇センチはあったという。二一七ページの写真を見ても、東大谷側の斜面は風の影響を受けたシュカブラが発達し、池ノ谷側は雪がかなり吹き溜っていたことが分かる。

三条山岳会パーティは、弱層テストによって積雪が不安定で危険であることを認識したが、「新雪の下にある古い雪の層はしっかりと固く、アイゼンもピッケルもかなり効いた」ことから、雪崩への危険意識を薄めていく。岩峯登高会パーティの武藤にしても、雪崩を意識して、危険と思われる斜面では必ず自らがトップに立って安全を確認している。ところが、「平らになり、割と広く、東大谷側がクラストして歩きやすくてほっとするような場所だ」と武藤が感じ、西澤も「早月尾根を登り出してから、初めてほっとできる真っ平らな所に出た」と思った場所で、雪崩は発生した。「ほっとできる平らな場所」こそ、その日、登ってきた早月尾根の中で最も風成雪が吹き溜る場所であり、弱層の上に積もった上載積雪がほかの場所より多くなっていたのである。稜線の中ほどを歩いているつもりでも、池ノ谷側の斜面最上部を歩いていた可能性がある。

獅子頭を下降するパーティを待つために立ち止まろうとした岩峯登高会の四名に、後ろから追いついた三条山岳会の三名が加わり、一列に並んだ七名、一ヶ所に上載荷重が集中したために弱層が破壊されて雪崩が発生した。

福岡山の会パーティは、獅子頭下降中に雪崩を誘発している。無線交信の後、早月尾根を下山した彼らは、標高二六五〇メートル付近でビバークするために整地しているとき、積雪表面から三〇センチの厚さの層が足で蹴っただけで雪崩れていくのを目撃した。翌日、早月小屋横の斜面で弱層テストを行なって手首を曲げるだけの力で剪断される層を見つけて、積雪層構造を観察した結果、弱層は「あられ層」であることを報告している。

秋田谷英次（元北海道大学低温研教授、北星大学教授）は、現場の写真を見て、次のような推理をする。あられは丸い粒のため転がりやすい。獅子頭周辺に降ったあられは、転がって岩場の下部にある緩斜面に多く溜る。東大谷側からも風によっ

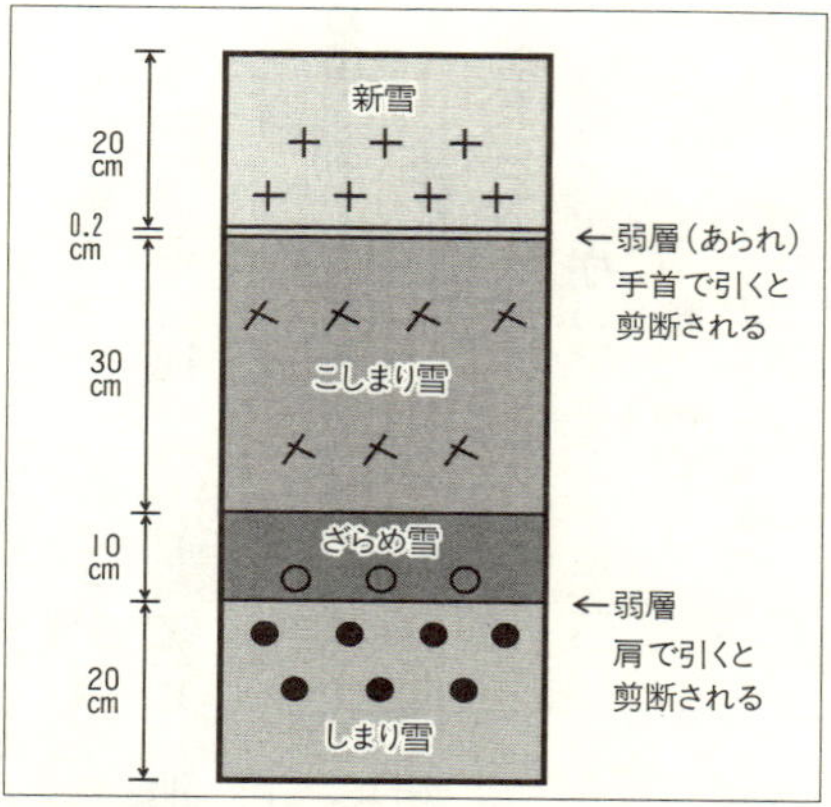

早月小屋付近の積雪構造　1998年1月1日10時、標高2220メートルの早月小屋横の北東斜面の積雪の構造。２つの弱層が観察された

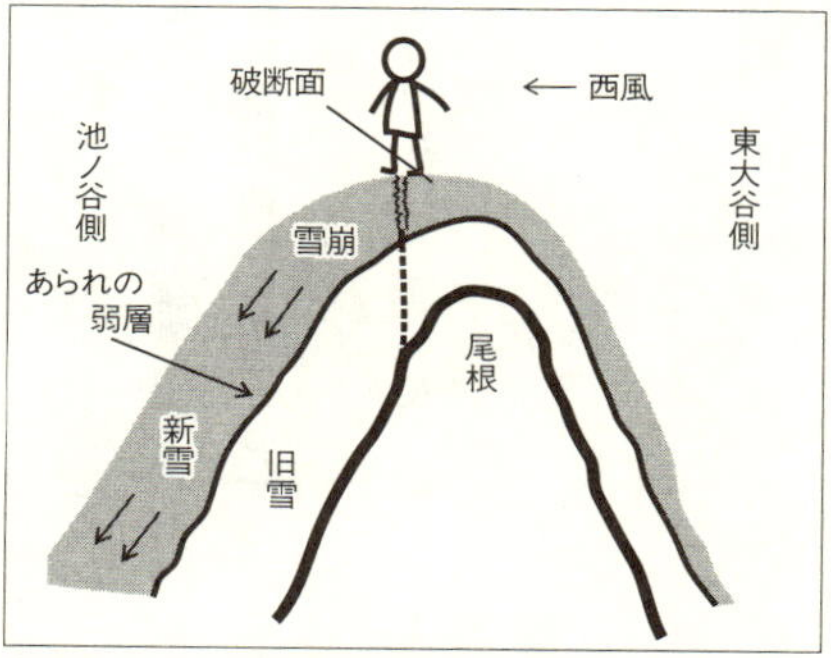

事故現場付近の積雪想像図　現場付近は、東大谷側から強い西風が吹き、新雪が40〜50センチあったという。弱層があるうえに、7人が集中して雪崩を誘発した

てあられが運ばれてくる。

弱層となるあられも、弱層の上に積もる上載積雪も、早月尾根のほかの場所より多くあり、雪崩の危険が高くなっていた。

皮肉にも、「ほっとできる平らな場所」が最も雪崩の危険な場所だったのだ。トレースを忠実に辿ろうとしたために池ノ谷側に寄り過ぎ、獅子頭から下降してくるパーティがあって立ち止まるという偶然が重なったために、尾根の一ヶ所に七人が集中して上載荷重が大きくなった。

この事故は不可抗力によって起きたのだろうか。あるいは、人為的ミスによって起きたのだろうか。

積雪に雪崩の発生する危険が明らかに存在することは、弱層テストによって認識することが可能だったわけだから、人為的ミスといえる。しかし、一九九七年十二月三十一日の早月尾根を登った登山者が、事故現場を雪崩が起きる危険な場所と予知することが可能で、回避できたと言う気には、私はならない。雪の降り方も風の吹き方も例年と違ったわけだから、そこまで予知できる登山者が、どれほどいるだろう。

登山者に『試練と憧れ』(立山・劔岳方面遭難白書)という小冊子が配布され、「積雪期の劔岳周辺危険箇所」が解説されている。この雪崩事故が発生した獅子頭直下では、三件の滑落事故が発生して六名が死亡、滑落に注意すべき場所だと記載されている。これに加えて、五名が死亡した雪崩事故発生場所が記載されるだろう。当然、一九九七年十二月三十一日以後の登山者は、雪崩危険箇所として注意しなければならず、雪崩事故が起きたとすれば「ミスを犯した」と、私は言わなければならない。

西澤は弱層テストによって、積雪が不安定で危険であることを知ったが、雪の科学的知識が充分でないために弱層の雪質までは理解できなかった。もし、獅子頭直下の「ほっとできる平らな場所」が、あられの弱層がほかの斜面より発達しやすいこと、弱層の上に積もる上載積雪となる風成雪がほかの斜面より多くなるといった推測をすることができたなら、この事故は防げただろう。冬の劔岳の経験豊富な武藤が弱層テストを行ない、雪崩の危険の程度、弱層の雪質を知っていたら、もう少し違った行動をとったのではないかと悔やまれる。

雪崩の危険は、雪面を掘って積雪の内部を見なければ分からない。そのために科学的知識をもって弱層テストをすべきなのだ。その上で登山者は地形、積雪の状況を、油断することなく細心の注意を払って総合的に観察すべきだと言うしかない。

この雪崩事故は、冬の剱岳を知る登山者から「どうしてこんな場所で起きたのか」という疑問の声が上がったという。一九九七〜九八年の冬の気象、積雪状況について、飯田肇（立山砂防博物館）は、次のように分析している。

〈立山、剱岳地域では十二月に西風が特に卓越する。ところがこの冬は、南から東にかけての風向が周期的に出現した。理由は、冬型の気圧配置が長続きせず、周期的に南岸低気圧などの低気圧が日本列島を東に進んだことが影響したからだ。特にこの傾向が、この冬に強かった。そのため雪庇が形成される場所が例年と異なり、こういった気象条件のときに降雪が伴えば、吹き溜る斜面も異なってくる。西に延びる早月尾根のような地形では、わずかな卓越風向の差が大きな積雪の変化となりやすい〉（『遠い頂』付属資料より）

年末というのに馬場島にはフキノトウが芽吹いていたし、雨が降った。最近の冬山では、地球温暖化の影響が色濃く現われている。あられが降ったのも年末だというのに、南岸低気圧が東進し、そのあと寒気が進入してきたために大気が不安定になったからだ。十二月三十日午後四時二十分、富山気象台は「雷・波浪注意報」を発令している。このとき、事故の原因となった弱層となるあられが、剱岳一帯に降った可能性が高い。

登山者は今までの経験だけで山の天候、積雪状態、雪庇のでき具合を判断しないほうがよいと言える。同様に、山で培ってきた今までの経験という「ものさし」だけで、雪崩の危険を判断すべきではない。気候変動という悠久の時間変化に比べれば、私たちが山で経験している時間はあまりに短すぎる。気候変動に応じた新しい雪崩判断の「ものさし」、科学的な知識と経験で得た知識を融合させた「ものさし」を、登山者は身につける必要があると私は考えている。

北アルプス・蒲田川左俣谷　二〇〇一年十二月三十一日

社会人山岳会の冬山合宿

一九六五年に東京都内で設立された板橋勤労者山岳会の会員数は五十八名、三分の一が女性会員、しかも中高年会員が多い。若い会員が減って〝高齢化〟が進んでいるのは、日本の山が中高年登山者で賑わっている社会現象の反映というものだろう。この山岳会は、無雪期には縦走登山から沢登り、岩壁登攀、積雪期には縦走と雪稜登攀が中心で、ハードな岩壁や氷壁登攀をやる会員は少ないがオールラウンドな山行をけっこう活発にやっている。それは、厚みのある充実した会報を、毎月発行していることからもうかがえる。

山好きの社会人にとって、年末年始の休暇は、積雪期に長期の山行が行なえる数少ないチャンスだ。会員五名が参加して新穂高温泉から蒲田川左俣谷に入り、抜戸岳（二八一三メートル）東尾根を登って、笠ヶ岳（二八九八メートル）を往復する山行が計画された。当初、会員からは岩壁登攀が混じる抜戸岳南尾根からの希望も出されたが、五人では技術的に難しく、全員が登頂できる可能性を優先して、冬の笠ヶ岳を目指すルートのなかで、彼らにとって容易な東尾根からの往復計画に落ち着いた。五人がそろっての事前トレーニング山行を行なうことは、それぞれが仕事を抱えている社会人ゆえに難しく、トレーニングは各人の自主性に任された。ミーティングさえ一回しか行なえず、しかも一人は金沢に在住しているため五人が全員そろうことは山行前には一度もなかった。とはいっても会員同士は長いつき合い、日ごろから山行を共にすることが多いので、メールやファクスで五人は連絡を取り合うだけで、なんら差し障りはなかった。

リーダーには雪国育ちの女性会員の平沢昌子（四十三歳）、サブリーダーには山本修二（五十二歳）がなり、メンバーは大山忠俊（五十一歳）、金本正行（五十二歳）、そして東京から転勤のために金沢在住になった若い坪内裕次（三十三歳）の三人だった。

山行計画は次のような日程になっている。

二〇〇二年冬合宿　笠ヶ岳（二八九八メートル）山行計画

二〇〇一年十二月二十九日　東京都内を車で出発～新穂高温泉
十二月三十日　新穂高温泉～抜戸岳東尾根下部
十二月三十一日　東尾根下部～抜戸岳頂上付近
二〇〇二年一月一日　抜戸岳頂上付近～笠ヶ岳往復
一月二日　抜戸岳東尾根下山
一月三日　行動予備日

十二月二十九日午後一時半、平沢、山本、大山、金本の四人は、都内を車で出発した。帰省ラッシュの渋滞もなく、午後六時半には新穂高温泉の手前にある栃尾温泉で金沢から来る坪内と落ち合い、夕食をすませた。その夜は、新穂高ロープウェー駅横のコンクリートが剝き出しになった駐車場にテントを張って泊まった。積雪はとても少なく、正月の新穂高温泉に幾度も来ている人たちは、「雪がえらい少ないな」と言う。寝るころまでは星が見えていたのに雪が降り始め、朝にはあたりの風景は雪化粧に変わっていた。

彼らの山岳会では、毎冬、数名の会員が日本勤労者山岳連盟が主催する中央登山学校の雪崩講習会に参加しているし、労山東京都連盟救助隊が行なう冬の救助訓練

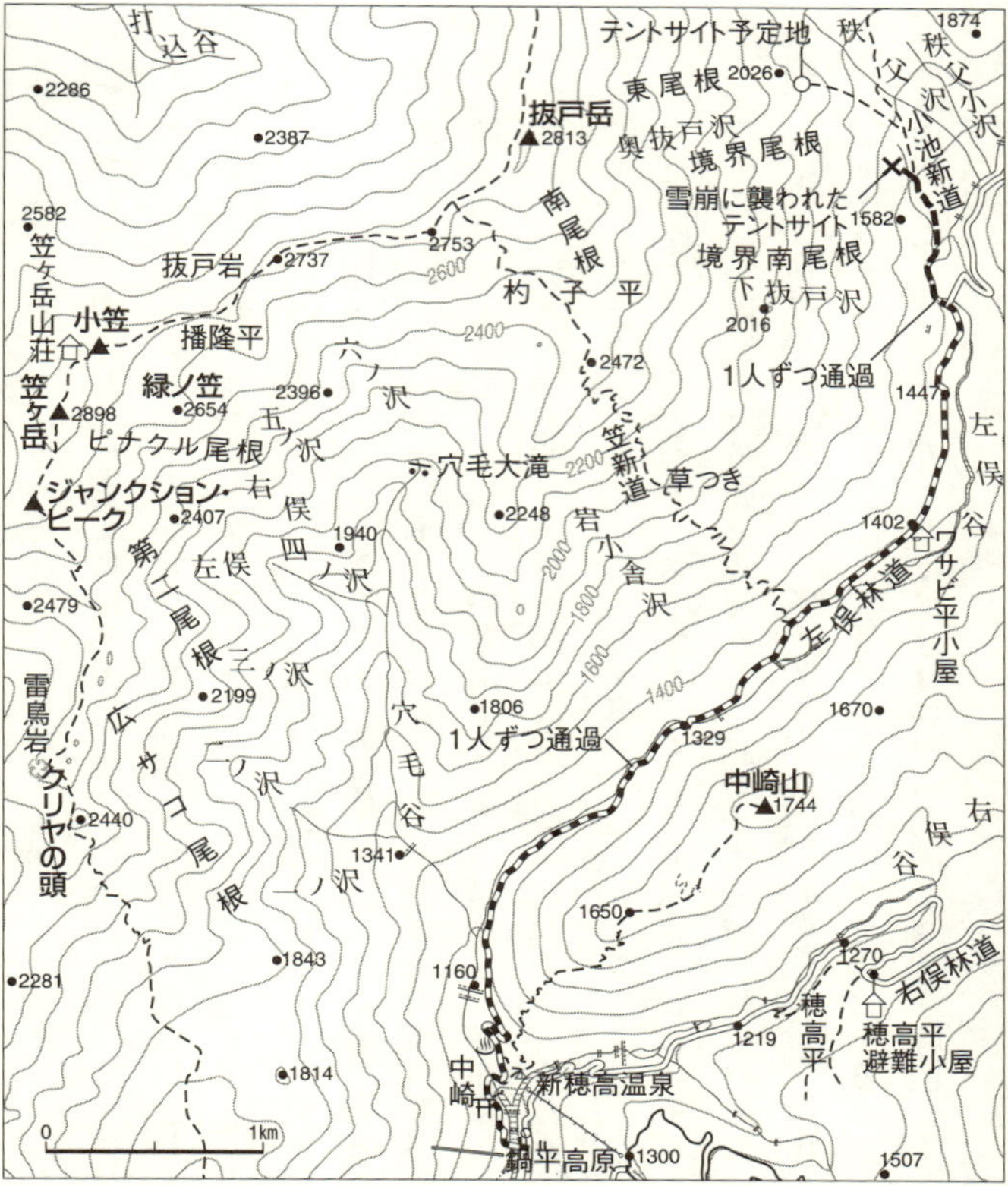
打込谷
テントサイト予定地
秩父沢
秩父小沢
1874
2286
2026
東尾根
抜戸岳
2813
2387
奥抜戸沢
境界尾根
小池新道
雪崩に襲われたテントサイト
1582
2582
南尾根
2753
抜戸岩
2737
2600
杓子平
境界南尾根
下抜戸沢
2016
笠ヶ岳山荘
小笠
播隆平
2400
六ノ沢
2472
1人ずつ通過
1447
緑ノ笠
2396
2654
笠ヶ岳
2898
五ノ沢
ピナクル尾根
穴毛大滝
笠新道
草つき
左俣谷
2200
ジャンクションピーク
右俣
2407
2248
岩小舎沢
1402
ワサビ平小屋
1940
第二尾根
左俣
四ノ沢
2000
左俣林道
2479
1800
三ノ沢
1600
雷鳥岩
2199
1400
1806
穴毛谷
1670
1人ずつ通過
1329
広サコ尾根
二ノ沢
クリヤの頭
中崎山
1744
2440
右俣谷
1341
一ノ沢
1650
1270
右俣林道
2281
1843
1160
穂高平
穂高平避難小屋
1219
中崎
新穂高温泉
1814
0
1km
鍋平高原
1300
1507

にも参加する。雪崩への意識はそれなりにあり、雪崩ビーコンの必要性も会員に浸透していたので、四、五年前までには冬山に行く会員全員が雪崩ビーコンを持つようになった。ただ、会として雪崩ビーコンの捜索練習をする機会は乏しく、練習したとしても一個のビーコンを捜索するくらいにとどまった。パーティ五人は全員が雪崩ビーコンを持ち、シャベルは共同装備として四本を用意していた。最近一般的になってきた雪崩ビーコンとゾンデを併用した捜索法は、まだ会員たちには知られていなかったので、ゾンデは一本もなかった。五人全員が労山東京都連盟救助隊の冬の救助訓練に参加していたし、中央登山学校の雪崩講習会に参加した者もいたが、弱層テストについては懐疑的な感想を山本は抱いていた。山へ行くために役に立ち、負担とならない雪崩対策、実践的な雪崩対策を望む彼らの気持ちと講習内容がずれていたのだ。例えば、講習会のテストがまるで車の運転免許試験のように受験者をひっかけるための問題のようだと思えたし、講習がまるで試験のためにやる学校の〝勉強〟のような気がしたからだ。せっかくの休暇、一週間の予定で山に来て入山初日に弱層テストをやったら危険な弱層があった。そこで山に登ることをあきらめて帰るのかといえば、そんなことはできないから弱層テストを軽視してしまうのだ。

弱層があったとしても、危険を承知で山に登る。危険だというだけでは、山に登れなくなってしまう。

テント設営

目覚めた五人は、テントを叩いて降り積もった雪を落とした。登山者の姿は多かったが、笠ヶ岳方面に行くのは彼らだけで、新穂高温泉から蒲田川左俣谷の雪に覆われた左俣林道を、午前七時五十分にツボ足で歩き出した。踏み固まったトレースは、じきになくなってラッセルが深くなり、五人はスノーシューやカンジキを付ける。上空は風が強いらしく雲の流れが速い。林道を吹き抜ける風がトレースを消している所もあれば、うっすらと残る所もあって、笠ヶ岳の南尾根へ向かうトレースがなくなると膝上のラッセルはいっそう深くなり、股下まで雪に埋まり出した。

彼らは入山前に笠ヶ岳周辺の気象情報を調べていなかったので、好天が続いていたのか、悪天で降雪があったのか何も知らなかった。もちろん入山前の笠ヶ岳周辺に、弱層が生まれるような気象変化があったのかどうか、雪崩の危険が存在するのかどうかについても知らない。ラッセルが深くなり、雪がときどき降ってくる。天気は下り気味で、午後からは降雪も多くなりそうだ。

弱層テストをやれば積雪の断面を観察することになり、入山前の雪の降り積もり方や天候変化の情報を得ることができる。ただ弱層があるのかないのか、積雪の安定度を判断するためだけに〝弱層テスト〟をするのではなく、雪の表面だけでなく内部構造を自分の手や目を使って五感で感じ、雪の情報を得る、積雪の過去の履歴を知る。それが弱層テストの重要な目的だ。「弱層」は、雪崩からの手紙みたいなもの、雪崩の危険を予知するには情報が多ければ多いほど正確な判断が下せるし、弱層の危険度は日に日に変化していくものなのだ。

誰も「弱層テストをしよう」とは思わず、誰も弱層テストをしなかった。五人は穴毛谷を左に見て、左俣林道をワサビ平小屋へ向かって登っていく。

穴毛谷では、二〇〇〇年三月二十七日、抜戸岳稜線直下で、破断面の厚さ三・四メートルの表層雪崩が自然発生して、標高差一五九五メートル、距離四六〇〇メートルを流下、新穂高温泉近くまで到達し、砂防工事中の作業員二名を死亡させた。この雪崩は、観測されたものとしては日本最大のもので、雪崩の原因となった「霜ざらめ雪」と呼ばれる弱層は十二月中旬に生まれ、その後の二度の大雪と雪崩発生直前の大雪によって上載積雪が増加したために自然発生している（『決定版雪崩学』山と溪谷社刊、第十一章参照）。

彼らは、稜線付近で自然発生した雪崩が左俣林道まで到達していたとは知らなかったし、想像もしていなかったのだが、雪崩の危険は強く意識していた。

十一時三十五分、ワサビ平を過ぎると、蒲田川左俣林道は北へと方向を変え小池新道との分岐になる。五人は二号堰堤橋を渡らず、そのまま右岸の左の小池新道に入った。ここは谷が狭まり、切り立っていて右岸の断崖からの雪崩が谷底を襲ってきそうな感じがしたため、五〇メートルほどの区間を一人ずつが通過した。新穂高温泉を出発してから、それまでにも雪崩に全員が埋まるのを避けるために一人ずつ通過する危険箇所が数ヶ所あった。

昼を過ぎてから降雪はひどくなるばかりだ。沢の水が取れ、テントサイトによさそうな場所があったので誰かが「ここに張ろうか」と言ったが、「雪崩が来そうなので止めよう」と登り続けた。六日間の山行の食料と冬山装備、五人のザックは重くてラッセルは深く、いささか疲れを覚えてきた。予定では秩父沢から抜戸岳東尾根に取り付き、少し登った標高二二五〇メートルに幕営することになっていたが、午後二時、標高一六二〇メートルの沢中で行動を終え、テントを張ることになった。リーダーの平沢は、「二時だ。予定より行動が遅れている。もう少し頑張って登ってもいいけど、良いテントサイトがあるかしら」と思う。後ろをついてきていた十人ほどのパーティは、彼ら五人が設営の準備を始めたので仕方なくといった雰囲気で追い抜いていった。

雪崩の危険を強く意識していた五人だが、その沢中にテントを張ることに不安を感じていない。なぜなら秩父沢と秩父小沢の二つの流れは川原のずっと向こう端を流れ、ほとんど平坦な川原は幅一〇〇メートルもあって広かったからだ。リーダーの平沢は二年前の春、ここをスキーで下ったときには雪崩の跡も見なかったので、雪崩が来ない安全な場所に違いないと思っていた。

「川原はめちゃめちゃ広い。こんな広い川原なら雪崩の心配はない」

五人の共通した思いだった。テントは、東尾根より一つ下流にある広い尾根の末端の樹木が生えている岩壁から二〇メートルほど離れた場所に張ることにした。テントサイトが雪崩に襲われる危険について検討したのは、言うまでもない。雪崩が起きるとすれば東尾根の下流、つまりテントサイトの上流左手にある奥抜戸沢だか

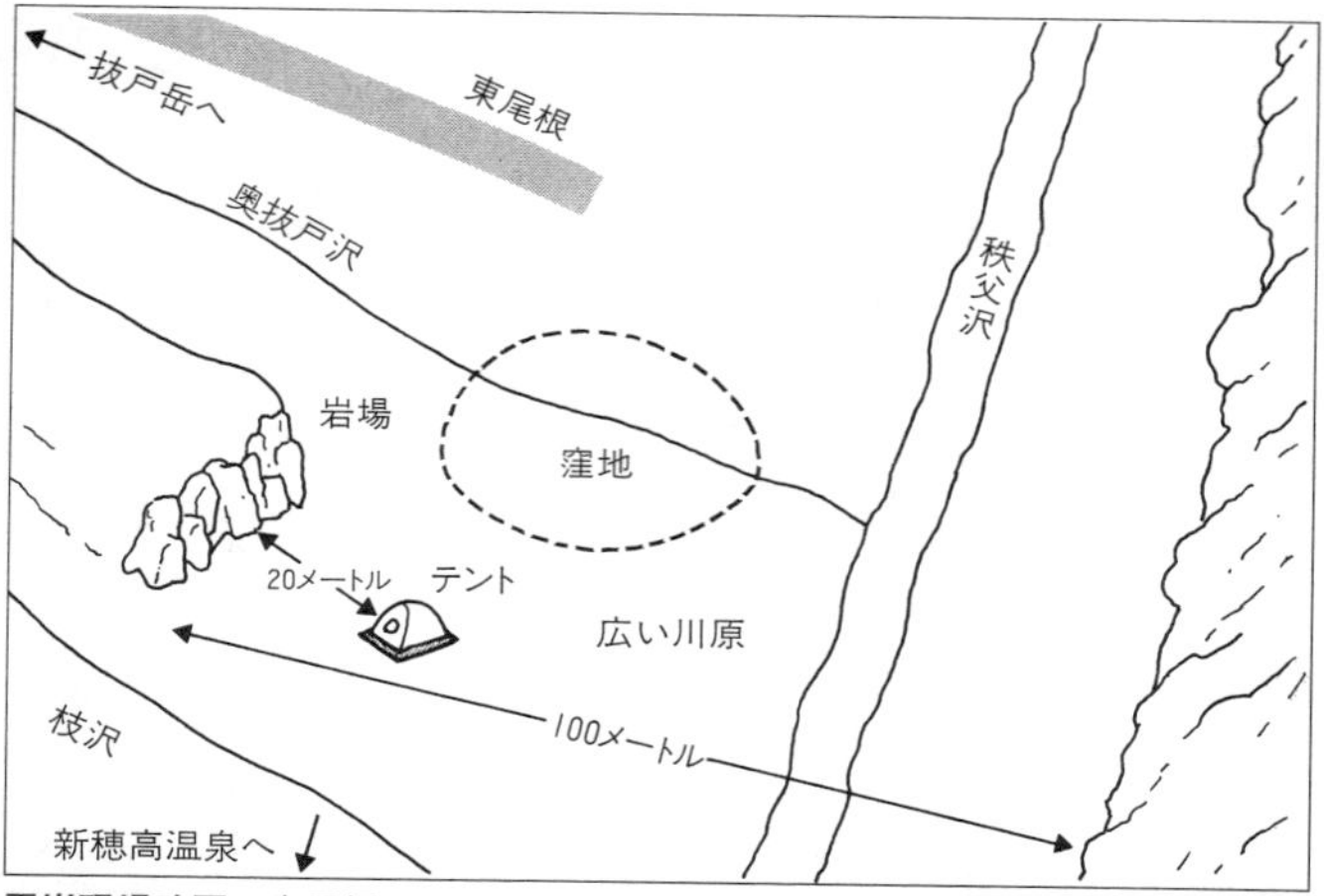

雪崩現場略図　東尾根より１つ下流にある尾根の末端、幅100メートルもある広い川原を、テントサイトとした

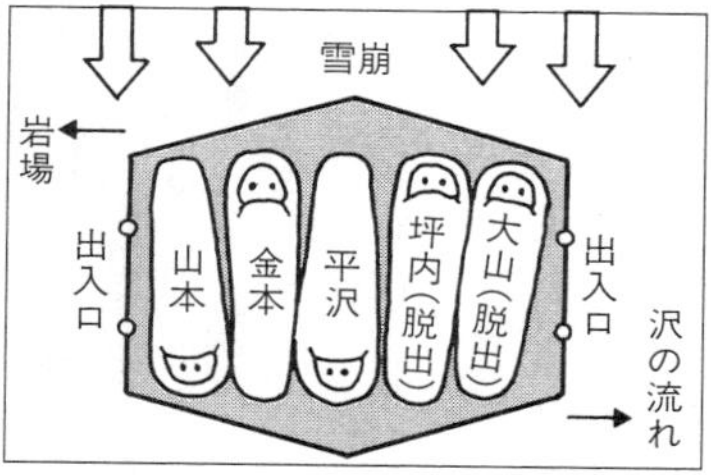

５人のテント内位置図

ら、雪崩が到達するかもしれない秩父沢との出合周辺は危険だと判断していた。そのために出合から少し下流、右岸の岩壁からの雪の落下を避けられる場所を選んだのだった。そこは多少傾斜しているものの、上流側をちょっと整地するだけでテントサイトが作れ、数張りのテントを張れるほど広かった。

設営し終えた五人はテントに入り、午後四時からの気象通報を聞いて天気図を書いた。雪崩ビーコンの周波数は四五七キロヘルツ、中波の電波を受信するラジオは雪崩ビーコンの発信音をとらえてしまうので「ピッー、ピッー」と耳障りだ。そのため気象通報を聞くときに、五人は雪崩ビーコンの電源を切った。気象通報が終わってから雪崩ビーコンの電源を入れるか入れないか誰も言い出さなかったので、電源を切ったまま体からはずしてザックに入れた者、ジャンパーのポケットに入れた者、再び電源を入れた者とさまざまに行動した。

正月を山で迎える喜び、久しぶりの雪山、久しぶりに仲間たちと共に過ごすテントの夜、昼間のラッセルに疲れているとはいえ、和気あいあいと酒を飲み、夕食を食べ、夜が過ぎていった。

下流で短く「ドーン」という音がして、金本が「あ、雪崩だ」と言った。雪崩の音は遠く、誰も自分たちにも雪崩の危険が迫っているとは感じなかった。雪は昼からずっと降り続き、かなりの積雪になっている。「明日の朝はテントが雪に埋もれているんじゃないか」と心配になるほどの降り方だった。明朝は早く起床して、抜戸岳東尾根に取り付き、頂上まで登らなければならない。五人は眠ることにしたが、なかなか寝つけなかった。午前一時半ごろ、テントの端、岩壁側で寝ていた山本が、「酸欠じゃないのか」と騒いで起き上がり、用足しにテントの外に出る者もいたため全員が目覚めた。五人の真ん中に寝ていた平沢は頭痛がするので、薬を飲むと寝袋から両手を出し、額に当ててまどろんでいた。

雪崩発生

午前二時ごろのことだった。

「バシャッ」とテントがつぶれて天井が落ちてきた。平沢が「降り積もった雪でテントがつぶされた」と思った瞬間、体がひっくり返されて足が上に持ち上げられ一回転し、身動きできなくなった。誰かが「雪崩だ！」と叫ぶ。寝袋に入ったままの体と体が絡み合い、誰かが動くと圧迫され、苦しくなってしまう。初めて雪崩に埋まった平沢は「あ、これが雪崩か」と寝袋から出していた両手を顔の前に持っていき「エアーポケット」(呼吸空間)を作った。脱出しようと体を動かすこともできず、雪崩に埋まったテントを腕で押してもびくともしない。人の声は聞こえ、ほかの人がうごめいているが、どうやってこの状態から脱出できるのか――。

どうやら平沢の上には、山本と金本の二人がのしかかっているらしかった。テントの端に寝ていた山本が自分の上にいるのが不思議だ。

夢にうなされていた山本は衝撃を感じてはっとした。雪がどさっと落ちてきたかと思った瞬間、テントがつぶれ、寝袋に入った状態のまま身動きができなくなったのだ。山本は、それを雪崩の第一波の衝撃だとは理解していなかった。

「テントを除雪しなかったつけが回ってきたなあ。ああ、困った。潰れちゃった」

山本の顔の上、一〇センチのところにテントがあった。呼吸はできる。だが、動けない。

数秒後、横からの強い衝撃を感じた。山本は雪崩の第二波の衝撃だと悟った。

「雪崩だ!」

寝袋から脱出したいのに、周りから雪のすごい圧力がじわじわと加わり、動けない。

「このままだと何もできないまま、じわじわ死んでしまう。いやだな」

山本は全員の名前を呼んだ。平沢が山本の下にいるのは分かり、遠くのほうで大山と坪内の声も聞こえた。金本だけの返事がなく、平沢の上にのしかかっているのが金本だと分かった。

頭の上一〇センチの所にテントがあった。呼吸はできる。

「寝袋から脱出したい！」

彼らの山岳会では、常時、小型ナイフを首に下げておくという取り決めがある。平沢は両手が寝袋から出て動かせる状態なのにナイフは首からはずし、ヘッドランプと雪崩ビーコンと一緒に袋に入れて枕元に置いて寝ていた。その袋がどこにあるのか分からない。一方、山本は首に下げたナイフを握り締めているというのに、手を寝袋から出せないでいた。平沢が自由に動かせる手で山本のナイフをつかめば、テントを切り裂けるという単純なことさえ思い浮かばないほど、彼らは慌てふためいていた。

「金本さん、動いたら重たいよ」

女性の平沢は山本と金本、二人の体重の重さに呻き声をあげた。

「大山と坪内はどうしているんだろう」

沢側のテントの端で寝ていた大山は、「ドスン」という音を聞いた瞬間、「いったいこれは何なんだ」と目覚め、下半身がつぶれたテントに埋まった。寝袋から這い出すことはできたのでテントの入口を探すが、見つからなかった。やがて目の前にあるのはグランドシートの生地であり、テントがひっくり返っているのだと分かったので、ナイフで切り裂いて脱出しようとするが、このときに限ってナイフはザックの中にしまっていた。坪内の声が近くでしたので「ナイフ、ナイフ、ナイフをくれ」と叫び、坪内からナイフを受け取るとグランドシートを切り裂き、五人のなかで最初に外へ脱出した。

坪内はテントの天井が潰れてきたために目が覚めた。その数秒後、「ドドドドッー」と雪崩の衝撃を受け、テントが凄い力でこねくり返されているように思った。

「こりゃ、ヤバイ、ヤバイぞ」

いつ寝袋から這い出したのかは覚えていない。

「テントの外に出なければ助からない。出たい!」

そのためにはテントを切り裂かねばならない。

「テントを切ってもいいですかー？」

と、首から下げたナイフを握り締めて、誰に聞くともなく遠慮気味に声に出した。目の前のテントを切り裂こうとしたとき、この向こうが雪だらけだったら、ドォーと雪が中に入ってくると一瞬ためらったが、覚悟を決めて切り裂くと、少し雪が入ってきただけですんだ。大山が「ナイフをくれ」と言ったので手渡し、脱出すると、外には大山がすでにいた。

テントを切り裂いて脱出した大山と坪内は、まだデブリに埋まっているテントの三人を救出するために掘り出しにかかった。テントの外に置いたシャベルとピッケルを、ヘッドランプがないまま暗闇の中で探すがどこにあるのか分からず、雪の中から見つけたガソリンコンロの下に敷くベニヤ板で雪を掘った。

山本の「金本さん、金本さん」と叫ぶ声が聞こえ、平沢の声も聞こえたので、二人は無事だと分かったが、金本の声はまったく聞こえない。「一人だけダメだとは運が悪い。ついていない」、そんなことを考えながら、必死に雪を掘り続けた。

テントの中はいつになく暖かく、寝袋からときどき顔を出して眠っていた金本は、テントに雪の塊のようなものがのしかかってきたのを感じた。「ああ、凄い雪でテントが押されているんだ。仕方ない、外に出て雪かきでもするか」とのんびり考えていた瞬間、「ドーン」と雪崩の衝撃を感じた。「雪崩だ！」と、声を上げたとたん、埋没体験の格好で埋まってしまった。「顔の前にある隙間の空気で、あとどれくらいもつのだろう。空気がなくなったとき死ぬのかなあ。生から死への移動は実に簡単だな」と、寝袋の中に閉じ込められたままうごめいていた。金本は、山本や大山、坪内が自分の名前を呼んでいるので、返事をしているのに彼らに聞こえていないことが分かった。動かすことができるのは手先だけ、ナイフはヤッケに入れ、枕にして寝たために取り出せない。ヘッドランプは偶然、腕に取り付けていたので点灯させて自分が生きていることを大山と坪内に伝えた。

閉所恐怖症の山本は、このまま雪崩に潰されたテントの中に閉じ込められていたら、気が変になって精神の異常をきたすだろうと恐れおののいていた。突然、目の前のテントが切り裂かれ視界が開け、大山と坪内のシルエットが見えた。大山が平沢と山本が埋まっていると見当をつけたあたりのテントを切り裂いたのだった。「これで助かった！」と思ったとたんに、雪がドサッ、ドサッと落ちてきて顔を埋めてしまい、呼吸困難に陥った。山本は手を動かせない。息ができない。天国から地獄へと落とされ、救いを求める叫び声をあげた。

大山と坪内が雪を取り除き、金本を助け出す。次に一回転したため変な格好で山本の下に埋まっていた平沢を助け出した。苦しがっていた山本の下半身は、デブリに埋まっているためになかなか掘り出せず、最後に助け出した。

テントサイト

雪崩は上流の奥抜戸沢の上部で発生して秩父沢の川原まで到達、川原に衝突した勢いで流れる方向を直角に変えて下流のテントを襲ったと思われる。デブリの末端に埋まっていたテントは、最初に設営した場所から一・五張り分ほど下流へ移動して引っくり返っている。テントの中に残ったものを回収していく。まずはザックや寝袋など大きなものを取り出してから、テントを雪の中から引っ張り出した。雪がやみ、月が出ていたおかげで、ライトがなくてもかろうじてものを探すことはできた。ライトを手にしていたのは金本だけだったので、ナイフとライトは手の届く所に置いて寝なくてはとみんなは思い知った。そして雪崩ビーコンも、電源を入れて体に着けておかなくては……。

テントの中から全員の登山靴を見つけ出し、履いた。黙々と雪の中から荷物を探している仲間を眺めながら、山本だけは登山靴も履かず靴下のまま放心したように雪の上に座り込み、「ああ、死なないでよかった」と、しみじみタバコをふかしていた。

再び雪崩が発生するのではないかという不安はあったが、夜が明けないことには川原から移動することもできない。午前三時、五人はツエルトに入り、ザックに腰を下ろすとお茶を沸かして夜明けを待つことにした。

夜が明けた七時ごろから、深さ四〇センチほどのデブリに埋まった装備を二時間探したが、ピッケル一本、ストック三本、シャベル二本、カンジキ一個などが、とうとう見つからなかった。テントはズタズタに切り裂かれ、ポールは折れている。正月の笠ヶ岳はあきらめるしかなかったのだ。

大晦日、入山する登山者たちとすれ違って下山した五人は、新穂高温泉の民宿に泊まった。

未明には雪崩に埋まっていたというのに、温泉にのんびりつかっていることが不思議に思えてくる。テントサイトは周囲の状況を見るだけでなく、地図を読み、見えない上部斜面のところまで雪崩の危険を判断しなければならない。それが五人の

夜が明けてからデブリに埋まった装備類の捜索に取りかかった。ピッケル1、ストック3、シャベル2、カンジキ1個などが見つからなかった

一番の反省点だった。

元旦はもぞもぞと起き出し、新年を迎える。笠ヶ岳の山頂に立って元旦を迎えることはできなかった敗退山行だけれど、これほど心から素直に「あけましておめでとうございます」と言えたことはないと平沢は嬉しかった。そしてピッケルやストック、失ったものはどうでもいい。ものはまた買うことができる。買うことのできない五人の命を、失わずにすんだことが嬉しいことだと、山本は思ったのである。そして何よりも嬉しいのは、こんな怖い体験をしたのに誰も雪山はこりごりだとめげていないことだった。

一本のナイフ

蒲田川左俣谷の雪崩事故から、次のような教訓が得られるだろう。

①川原が広い、かつて通ったときにデブリがなかったから安全とは判断できない。
②沢中に幕営しない。
③地図から雪崩の危険性を推測する。
④入山前の気象情報から目的山域の積雪状況を推測する。

雪崩に襲われた幕営地付近。中央の奥に微かに見えているのが抜戸岳東尾根末端。雪崩は左側の奥抜戸沢から本流に流れ、衝突して下流に方向を変えた

⑤弱層テストを行なって、積雪層構造を把握する。
⑥雪崩ビーコンは下山するまで電源を切らない。
⑦ナイフは首に下げておく。
⑧ライト、登山靴、手袋などの装備は手元に置いて就寝する。
⑨テントの外に置く装備はまとめておく。もしくは流失しないようにテントなどに結びつけておく。

弱層テストは積雪の安定度を判断するためだけに行なうものではない。五感で雪を感じ、その山域の積雪層構造を把握するためにも行ないたい。表面霜や霜ざらめ雪といった弱層が形成される気象条件は、研究によって明らかになっている。入山前に目的山域の気象状況を把握していれば、弱層形成は推理できる。降雪量を知れば、弱層の上に降り積もっている上載積雪についても推測でき、雪崩の危険判断に役立つはずだ。関東や関西の登山者が積雪地域の山域に入山する場合、事前に積雪層構造を知ることはできない。入山してから弱層テストを行ない、積雪断面を観察すれば、過去の気象状況に基づいた積雪層構造が把握でき、入山後の雪崩危険判断がいっそう正確にできるようになるだろう。

基本的には沢中の幕営は避けるべきだ。特に蒲田川左俣谷のように急峻で深い沢地形では、雪崩の危険が著しい。いくら川原が広いといっても雪崩に対して安全とはとても言えない。幕営するなら尾根上である。

六人は一本のナイフによって命を救われた。いかなる時にもすぐ取り出せる一本のナイフ。加えて磁石や笛なども、肌身離さず持っておくべき小さな装備である。改めて緊急用の小道具の重要性を認識させられる。

入山中は雪崩ビーコンの電源を切らないことは当然のことだと、私は思っていた。北大の山系サークルの学生たちに尋ねてみると、山岳部も山スキー部もワンゲル部も、全員がテント内では電源を切っていた。幕営中に雪崩に襲われることは大いにあり得る。雪崩ビーコンの電源が切られていたら、捜索のしようがないではないか。「雪崩が起きるとは思ってもいなかった」という言葉を雪崩に遭遇した人たちは必ず口にすることを考えれば、「テントサイトは安全だから電源を切る」ことが正しいと言えるだろうか。下山するまで雪崩ビーコンの電源は切らない。これを常識としておきたい。

石鎚山系・笹ヶ峰　一九九七年二月十一日

南国四国の着氷調査

少し長くなるが、愛媛大学山岳会編の『愛媛の山と渓谷―中予編』（愛媛文化双書刊行会、一九七三年）から、雪崩に関する山内浩愛媛大学教授の記述を引用してみよう。

〈四国の山でも一五〇〇メートル以上になると、どんなに雪の少ない年でも深雪に覆われ雪崩の発生を見る。一九五六年三月二十六日、石鎚山に登って西ノ冠岳（一八九四メートル）の下に長さ約二〇〇メートルの全層雪崩を発見し、その後、山岳部員たちの調査で同程度の雪崩が西ノ冠岳から二ノ森（一九二九メートル）にかけての南斜面に四個発生していることが認められた。夏山道を横切って、大きな岩石がゴロゴロ転がり、樹木が根こそぎ押し流されていて雪崩の恐ろしさをまざまざと見せつけられた。その後、冬の面河道《おもごどう》で部員が表層雪崩に押し流されたこともあって、冬は夏道を避けて上の面河山尾根を通ることにしている。石鎚山系の雪崩は、樹木のない、まともに日射を受ける南面の笹原に多いようだが、一九六八年二月二十三日には、石鎚山北面の老之川谷の奥で松山商科大学の山岳部員が訓練中に雪崩で遭難（筆者注・七名が流され、三名が死亡）するという痛ましい事故も発生している。特にその年は雪崩が多く、石鎚山系では二十個以上発生したと推測されている。その時、西ノ冠岳の西側の尾根からは約七〇〇メートルもあろうかと思われる大雪崩が面河本谷まで押し出し、登山路横の谷に臨んだ大きい樹木が叩き切ったように切断されていた。

雪崩は三十五度から四十度くらいの斜面で最も多く発生するといわれ、樹木のない笹原が最も危険で、場所は岩壁や尾根の直下から発生しているようである。時刻は気温の上がった午後に多く、面河道は夏山では快適な登山道だが、冬は最も危険な道である。愛大小屋の下から頂上までの六本の谷は雪崩の多発地帯である。

冬山での山腹トラバース道は避けて、尾根筋を通り、午前中に行動することが雪崩の危険を防ぐ唯一の方法であろう〉

この一文は、石鎚山系で起きる雪崩を理解するのに役立つ。

一九九七年二月十一日午後四時過ぎ、石鎚山系の笹ヶ峰（一八六〇メートル）山頂から一人で下山していた山田謙（四十八歳）は、笹原をトラバースする登山道で雪崩を誘発、数百メートル流されて雪崩に埋没し、二日後に遺体となって発見された。雪崩が起きたのは気温の上がる午後、場所は斜度四十度の沢筋をトラバースする北面の笹原の急斜面、ただし、この北面の笹原は日当たりがよかった。山田謙が死亡した雪崩は、石鎚山系に見られる典型的な雪崩だったのだろうか。

笹ヶ峰山頂には、四北電力が北向きと南向きの二基の無線反射板を一九八〇年に建設した。石鎚山系は四国を東西に走る脊梁だ。主峰である石鎚山から東へは一七〇〇～一九〇〇メートルの山々が幾つかあって、笹ヶ峰へと連なっている。山系の北側は瀬戸内海に面した工業地帯、南側は四国三郎と呼ばれる吉野川が流れる峡谷だ。日中は吉野川にある揚水式の水力発電所から瀬戸内海側へ送電され、夜間には瀬戸内海側の火力発電所、原子力発電所から吉野川ダムへ送電して揚水する。笹ヶ峰山頂に設置されたのは、石鎚山系が分断する南北の発電施設を制御するための無線通信用の反射板だった。

山田はこの無線反射板を建設したコンサルタント会社の設計技術者だ。建設中は

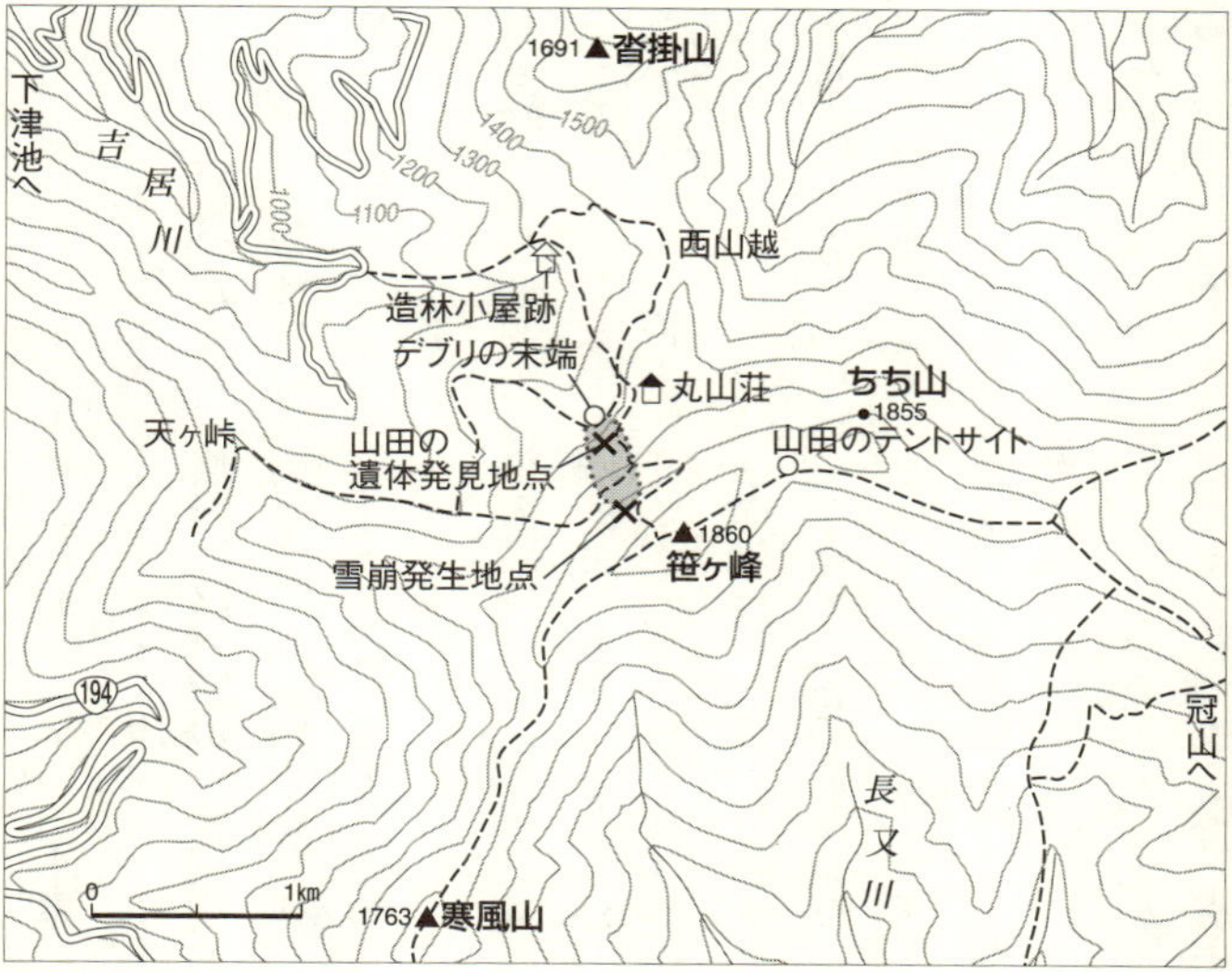
1691▲沓掛山
下津池へ
吉居川
1500
1400
1300
1200
1100
1000
西山越
造林小屋跡
デブリの末端
丸山荘
ちち山
●1855
山田のテントサイト
天ヶ峠
山田の
遺体発見地点
▲1860
笹ヶ峰
雪崩発生地点
194
冠山へ
長又川
0
1km
1763▲寒風山

笹ヶ峰中腹、標高一五〇〇メートルにある通年営業の山小屋「丸山荘」に泊まり込み、施工管理者として働いていた。設置したその年の十一月、無線反射板に霧氷が大量に付着する着氷現象のために、無線回路の断線が発生する。反射板に太いロープを三本垂らし、風によって揺れる動きで着氷を防ぐ応急処置が施されたが、八四年二月には北向きの反射板が厚さ一メートルを超える着氷の重量に耐え切れず、湾曲して支柱から落下してしまう。

石鎚山系に雪を降らすのは四国沖の太平洋を発達した低気圧が北上し、強い冬型の気圧配置になって大陸から寒気が四国まで入り込むときだ。これは東海地方や関東地方に雪を降らす気象パターンと同じである。瀬戸内海から笹ヶ峰山頂までの直線距離はたった一三キロしかない。季節風は一三キロで約一九〇〇メートル上昇することになり、日本海から中国山地を越えてきた季節風は瀬戸内海で再び水蒸気を補給し、一気に笹ヶ峰を越えて太平洋側へと流れていく。笹ヶ峰は風の通り道として知られ、特に頂上付近は北から吹き上げる風が強かった。笹ヶ峰で発生する上昇気流と中国山地にさえぎられることなく日本海から直接吹いてくる季節風がもたらす着氷現象は、技術者の予想の範囲を超えていたのだ。というより、南国四国の山

全層雪崩が発生した沢筋。ジグザグにつけられた登山道が残雪の中に見える。山田は登山道ではなく丸山荘から山頂への最短ルートを使っていた

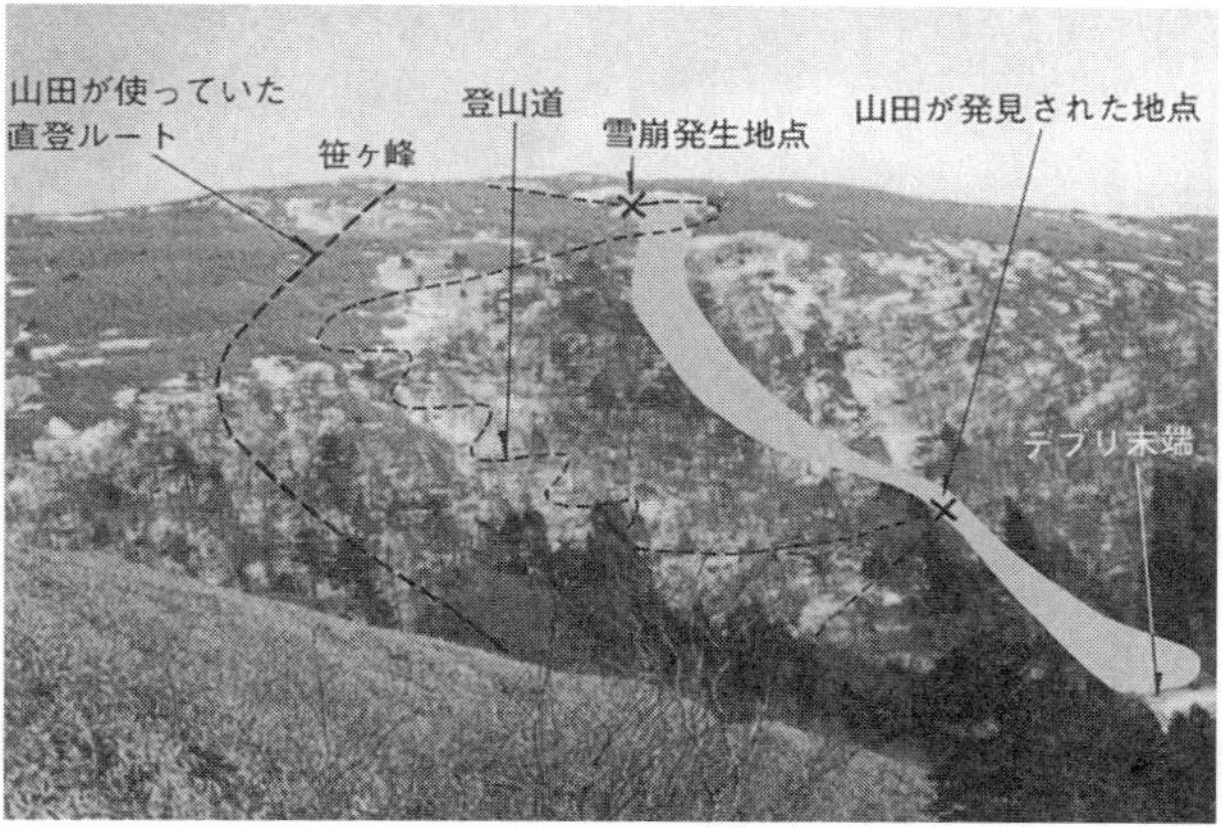

だから、これほどまでの着氷現象が起きることさえ予想できなかったのではないだろうか。

一九八四年四月、反射板は鉄柱を太くして、強度を上げて再建されるが、着氷現象による断線を防ぐことはできなかった。

山田が考案した整流板を反射板の両端に設置する改良工事が、一九九一年十一月に行なわれた。着氷が増大するのは反射板に当たった北風が起こす空気の渦流が原因だった。渦流を反射板から遠く離れた位置で起きるようにすれば着氷現象を防ぐことができる。それが整流板を設計した山田の考えだった。山田は着氷現象の観測を行なって設置した整流板の効果、反射板の設計を再検討しなければならなかった。

笹ヶ峰山頂にテントを張って泊まり込み、無線反射板の着氷現象を調査する山田の観測が始まる。最初の観測は、一九九一年十二月二十九日から九二年二月十二日までの四十六日間という長期間に及んだ。

山田は、会社の机の前に座っている仕事より避地や山といった自然豊かな現場で働くことが好きだった。休暇をとると、インドネシアやパプアニューギニアのジャングルに出かけてカヌーの旅をしたり、日本国内各地の山に登ったり自転車旅行を

丸山荘と笹ヶ峰。山田は日曜の夕方、山頂から丸山荘に下山して風呂に入り、管理人夫婦と食事をともにして休息。月曜の朝、山頂のテントへと帰る生活を送っていた

楽しんだりしている。「現場へ行く機会が少なくなった。もっと自由な時間がほしい」と言って、九三年三月末、山田は会社を退職した。退職するとそれまで勤めていたコンサルタント会社の仕事を請け負っては、休暇をとって自由気ままな生活を始めているが、笹ヶ峰山頂に立つ無線反射板の着氷現象調査は山田の生活の一部になっていく。山頂に張ったテントに一人で泊まり込む二回目となる観測を、一九九四年一月十日から二月二十二日までの四十三日間行なった。

笹ヶ峰には今は営業していないが、昭和四十年代に開業したリフトが一本だけ架けられた小さなスキー場があって、山小屋、丸山荘が通年営業している。丸山荘へのアプローチも簡単なために、一年中、笹ヶ峰への登山者は絶えることがない。そんな登山者のなかに、年老いていく丸山荘の管理人、伊藤朝春夫妻を助けて、食料の荷上げ、建物の保守、登山道の整備を手伝う登山者たちがいた。山頂のテントに泊まって調査を続ける山田は、週に一度、休養のために丸山荘に下りて来ては風呂に入り、酒を飲みつつ伊藤夫妻と食事をしてくつろぎ、一晩泊まって翌朝テントに帰っていく。伊藤夫妻は山田を手伝いの登山者たちに紹介した。山田のうそ偽りのない素直な性格、控えめな態度、豊富な登山経験、四国の人にとっては驚くほど海外の辺境を旅した経験、登山者たちは山田のそんな気質に惹かれて親しく交友を深めていった。

山田の三回目の笹ヶ峰山頂での着氷調査は、一九九四年十二月二十八日から翌九五年二月九日までの四十四日間、四回目の調査は九六年一月五日から二月六日までの三十三日間行なわれた。このころになると笹ヶ峰での調査を、山田は「冬眠」と称するようになっている。笹ヶ峰から友人に宛てた手紙に、「会社を退職して、あっちこっち、自分の落ち着けるところ、必要としてくれるところを探して旅をしてきましたが……中略……少々疲れ気味です。今年もインドネシア、ユーゴスラビア、北海道と一年五〇〇日欲しい思いです。……中略……一月五日から二月六日まで冬眠しています」と書いている。〝冬眠中〟の山田を、丸山荘を通じて知り合った愛媛の登山者たちが差し入れの食料を持って訪ねるようになり、ときには山田が山頂付近に掘った雪洞に彼らが泊まることもあった。山田は豊富な登山経験を生かし、そういった登山者たちに雪洞の掘り方を教えたりして登山技術を伝授していった。

テントに泊まり込む山田は七時、十二時、午後五時の一日三回、天気、気温、風速、風向といった気象観測を行ない、反射板の着氷状況を観測する。悪天となって着氷現象が激しいときには、反射板の下に雪洞を掘って徹夜で観測することもあった。機械工学を学んだ山田の行なう気象観測は専門的なものではなかったが、長年の笹ヶ峰山頂での調査によって気象の特徴をつかんでいく。

笹ヶ峰に雪が降るのは四国沖を低気圧が通過後、雨からミゾレ、そして少なくとも二〇〜三〇センチの積雪というパターンだと分かった。低気圧通過後に吹く北風は、瀬戸内海を挟んで向かい合う中国山地には笹ヶ峰より高い山がないためさえぎるものがなく、日本海の水蒸気を含んだ冬の季節風そのものだと突き止めた。だから、笹ヶ峰で行なう着氷調査は興味深いと、山田は語っている。山田は九六年一月中旬、反射板付近の南斜面の笹原で雪崩の発生を目撃している。

「一月十四日〜十六日にかけて約八〇ミリの雨が降り、反射板の南側の笹斜面で幅三〇メートルくらいの雪崩が起きました。危険なものではありませんが、徐々に滑っていくのはなかなか迫力があって観察していて興味深いです」と友人宛ての手紙で知らせている。雨の後の徐々に滑っている雪崩とは、全層雪崩であったろう。山田は厳冬期の笹ヶ峰の南斜面に全層雪崩が発生することを知った。

一人、笹ヶ峰山頂に泊まる山田は、暇を持て余すと運動をかねて冠山（一七三二

笹ヶ峰山頂と無線反射板。右の奥に見えるのが雪をかぶった石鎚山

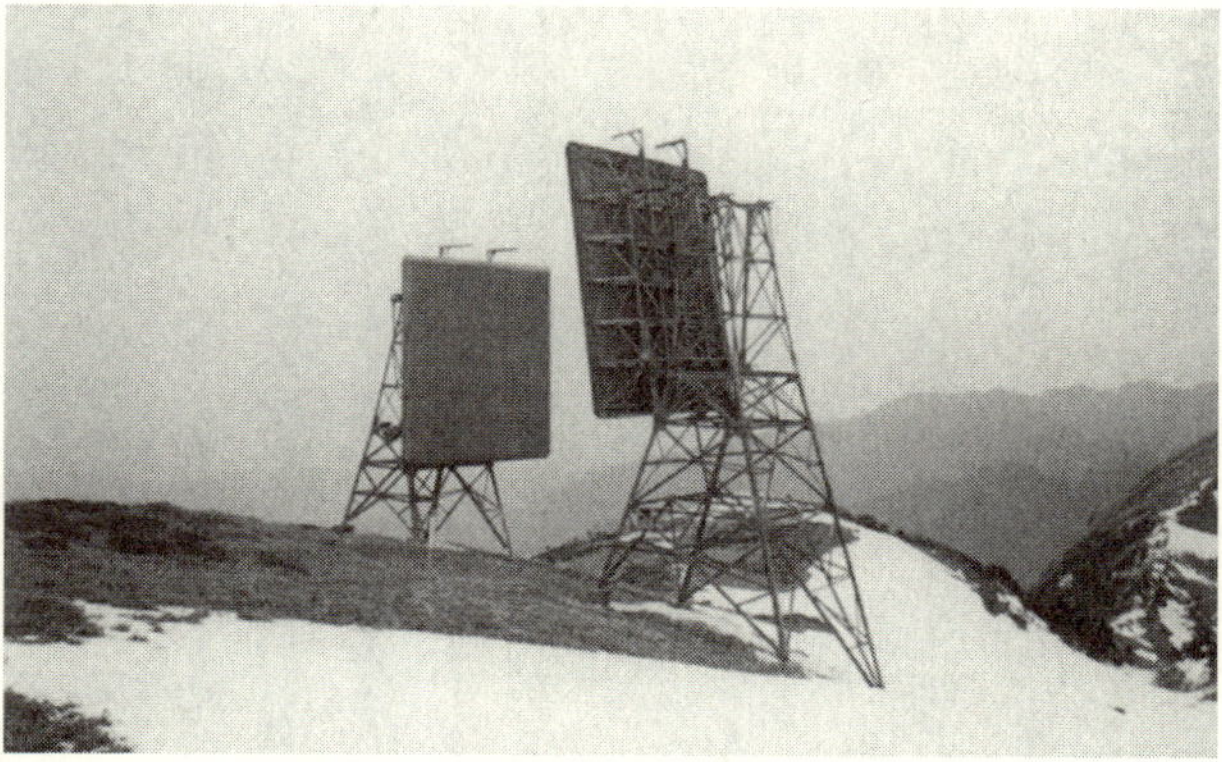

笹ヶ峰山頂に立つ四国電力の無線反射板。無線反射板への着氷調査のために、山田は笹ヶ峰に「冬眠」と称してこもった。反射板は事故後の5月に撤去された

メートル）や平家平（一六九三メートル）まで出かけることがあった。そんなときに、「雪崩の実験をしている。人工雪崩を作って遊んでいるんだよ」と友人に語っている。おそらく笹原の斜面に全層雪崩の前兆現象である亀裂や雪しわを見つけると、自分で刺激して雪崩を発生させていたのではないだろうか。あるいは積雪が不安定になったときに、表層雪崩を起こしていたのかもしれない。ともかく山田は雪崩にも関心を持っていたことだけは間違いない。また、「快晴のときには山が三〇センチは沈む」と、日射の影響を受けた積雪が融解して圧密される（圧縮されて密度が高くなる）現象もしばしば目撃している。

反射板は一九九六年に取り壊しになる予定だったので、山田の笹ヶ峰での調査は四回で終わるはずだった。ところが取り壊しは一年延期となり、九七年五月と決まる。そのために着氷を防ぐ太いロープが反射板に取り付けられないまま、九六年から九七年への冬を越すことになった。山田とすれば、ロープの影響を受けず、反射板の形状が着氷現象にもろに現われる絶好の状態を観測できることになった。「ないはずの反射板が、しかもロープなしというお年玉つきで待ってくれていました。一月二十日ごろ入山し、二月十八日ごろまで観測する予定です」と、松山の友人へ手紙を出している。山田の最後となる調査が、一九九七年一月二十日から行なわれることになった。

最後の調査

四国としては異常な大雪が一月六、七、八日の三日間降り、笹ヶ峰にも大雪をもたらした。冬の初めにドカッと大雪が降ると笹はいっぺんに倒れてしまい、全層雪崩が起きやすい条件が整う。これが徐々に徐々に降ると、笹の間に雪が降り積もっていき、笹は立った状態で雪に埋まり、全層雪崩は起きづらくなる。笹ヶ峰の積雪は、断続的に降る雪が、好天時の日射で暖められ解けては凍ることを繰り返し、固い積雪に変わっていく。しかも笹ヶ峰は瀬戸内海からの風の通り道になっていて、北風が吹き上げて雪をウインドクラストさせる。日射と風が強く影響して、雪をテカテカの固い状態にしていくのである。山田が入山してから一週間で積雪は六〇センチ増えた。例年なら冬の雨は珍しくないため、積雪層のなかに氷となった固い層があるのだが、この冬は雨が降るような暖気の進入もなかった。雪の多い年になっていたのである。

樹林限界を超えた笹ヶ峰の山頂周辺は、笹原ばかりで風をさえぎる場所がない。山田は風を避けるために、笹ヶ峰山頂から北東方面にある、ちち山へ向かって少し下ったシコクシラベの木立の陰に二人用のテントを張って泊まっている。テントから笹ヶ峰山頂を越えて反射板までは約五〇〇メートル、山田は、七時、十二時、午後五時の三回、反射板まで行くと、気象と着氷の観測を行なう。そして毎週日曜日の夕方、丸山荘に下り風呂と洗濯、夕食を食べて一泊、月曜の朝六時半にはテントへと帰っていく規則正しい生活を送っていた。山田は携帯電話や無線機は持っていないので、丸山荘の電話と訪ねて来る友人たちに託する手紙しか通信手段がない。一月二十六日には松山の友人たち五名が差し入れの食料を持って山田を訪ねた。彼らは二月八日に再び笹ヶ峰に登り、山頂付近に雪洞を掘って泊まる約束を山田と交わした。山田は二月二日の日曜日の夕方に丸山荘に下り、翌三日午前六時半、いつものように山頂のテントサイトに帰っていった。

丸山荘と笹ヶ峰山頂を往復する山田は登山道を使わない。雪が降り積もった笹ヶ峰は、どこでも歩けたので、雪崩の危険が少ない最短ルートを自分で見つけていたのだ。登山道は丸山荘から昔のスキー場へと西に進み、そこから台地状になった頂上周辺に広がる笹原斜面へ登るために急斜面をジグザグに折り返し、台地上に出ると笹原を山頂の西側へとトラバースしていく。急斜面のトラバースがあって、雪崩の危険があると山田は判断していたようだ。昔のスキー場コースに出る手前に立つモミの木から、頂上へ向かって直上するのが山田の使うルートだった。

二月八日、登ってくる友人たちのために登山道を歩いて丸山荘に下り、再び登山道を登り返してトレースをつけている。一週間の間、誰も登山道を歩いていなかったからだ。友人たちが山田がトレースをつけた道を登っていくと、すでに雪洞は完成し、山田は友人たちの到着を待っていた。このときの積雪は丸山荘で一メートルほどだったが、雪洞を掘った場所では一八〇センチあった。観測を終了し、笹ヶ峰を下山するのは、二月十八日と山田は決めていた。ところが例年なら氷点下十五度Cを越える日が五~七日あるというのに、この冬は、氷点下十七度Cの日が一度あっただけで厳しい冷え込みがなく、着氷現象がさほど起きなかったため満足できるような観測にならなかった。山田は氷点下二十度Cとなる気象条件で、着氷現象を観測したかった。十八日に下山したのでは到底望むような観測をすることができないので、下山を二月末に延期することにした。下山するときには笹ヶ峰で知り合った高知市の友人、大野洋史（三十三歳）が迎えに来て、山田の撤収を手伝うことになっていた。大野は、入山のときにも西条駅まで山田を迎えに行き、一緒に山頂まで荷上げしている。山田はいつもの日曜日と同じように二月十一日に丸山荘へ下り、高知の大野に電話をかけて下山の打ち合わせをする約束をしていた。

西条市に住む近藤良人（四十九歳）は反射板建設工事にかかわった山田の友人だ。二月十一日は平野部に雪が積もるほどではなかったが、低気圧の影響で地吹雪となり、道路の上を雪が這うように流れていく。夕方四時過ぎ、買い物に出かけた松山から車を走らせていた近藤は、東予市あたりにさしかかった。その付近からは石鎚山や笹ヶ峰の山並みがよく見える。「山の上は荒れているのではないか。山田は今ごろどうしているのだろう」と心配をして笹ヶ峰を見つめた。笹ヶ峰は瀬戸内海からの北風の通り道になっているので、きっとこの低気圧の悪天の影響を受け、強風が吹いているはずだ。近藤は日曜日の夕方、いつも山田が笹ヶ峰山頂から丸山荘に下ることを知っていた。

雪崩事故発覚

十一日の夜、山田から大野に電話がなかった。十二日の夜、大野が丸山荘に電話をしてみると、山田は下山していないという。丸山荘の〝お母さん〟伊藤夫人は、「山田が下りて来ないのは、天候が悪くて着氷の観測がおもしろいからだろう。山の上でのんびりしている」と、悠長に受け止め、「小屋に下りてくる日を延ばした」と考えていた。几帳面な性格の山田が、予定の日に下りて来ないのが信じられないし、電話をかけるという約束を破るとも思えない。山田に何か起きたのではないかと不安を募らせた大野は、電話を切ると妻とともに笹ヶ峰の登山口に向かった。

大野夫妻と山仲間は、面河登山口から二月九日に入山して二泊三日の計画で石鎚山を登る山行から、十一日に下山したばかりだった。石鎚山は例年にない大雪で、面河山上部でさえ胸までのラッセルがあった。しかも二月十日は気温が上昇して暖かく、雪崩の危険を強く感じたため、行動を早めに切り上げてテントサイトに引き返していたのだ。笹ヶ峰も同じような気象条件のはずだ。「山田さんは大丈夫か」、雪崩への不安が大野の心をよぎった。

深夜、登山口に到着した大野は車内で仮眠をとり、夜が明けると丸山荘へ出発した。山田は、やはり丸山荘に下りてこない。「山田さんに持っていって」と、丸山荘のお母さんが作ったおかずを託された大野は、妻を丸山荘に残して午前九時、一人で笹ヶ峰山頂へと向かった。雪が降っているものの視界もよく、天気は悪くない。登山道にはそれほど新雪がなく、登山靴のかかと程度のラッセルしかなかった。歩き始めて十五分、昔のスキー場コースに出る手前の森の中で雪崩のデブリを見つけた。ダァーっと流れてきた雪が、緩斜面に溜ってしわを寄せたような形のままに固まっていて、デブリの中には樹木がたくさん混じっていた。中には直径二〇センチほどのブナの木まである。「デブリやな。森林帯のデブリとは珍しい」と大野は思った。

登山道はその先、台地への急坂をジグザグに登ることになる。大野は最短ルートである雪崩が流れた沢筋を直登することにした。すると折れ曲がるようにして、デブリに埋まっている山田のザックとデブリ上のオーバー手袋を見つけたのである。「山田が雪崩に巻き込まれた！」と驚愕して、デブリからザックを引きずり出した大野は、夢中で走って丸山荘に引き返した。警察に通報し、近藤や松山市の友人、杉本勝彦らに山田の雪崩遭難を伝えた。

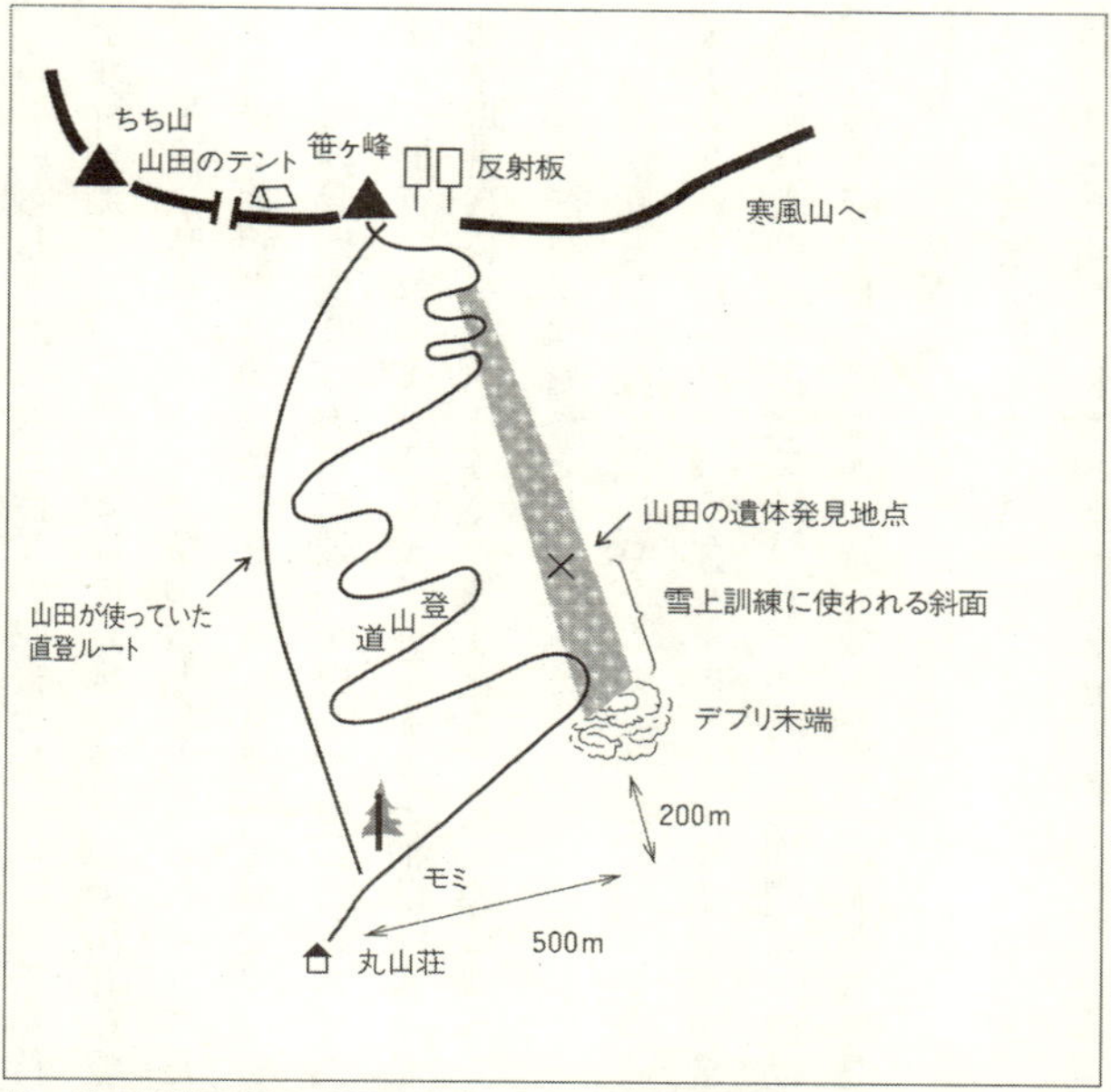

笹ヶ峰の雪崩現場の略図　雪崩は頂上付近の沢筋のガレ場最上部、斜度40度の急斜面を登山道がトラバースする地点から発生した。雪崩の規模は幅30～50メートル、長さ400～500メートルであった

いらいらしながら大野は愛媛県警の救助隊の到着を待っていた。山田の雪崩遭難を取材しようというテレビ局のカメラマンが丸山荘に駆けつけて来ているというのに、午後二時を過ぎても県警の救助隊が現われないのだ。これでは一刻を争うような遭難の救助には間に合わないのにと思ってしまう。食料の買出しに下りていた管理人の伊藤が戻り、大野の連絡を聞いた松山の杉本、西条の近藤らが登ってきた。午後三時前になって、ようやく県警ヘリと消防防災ヘリ二機に分乗した県警山岳救助隊隊員八名が丸山荘近くに降り立ち、丸山荘にやって来る。大野は彼らを案内して雪崩のデブリ末端へと捜索に向かった。

しっかりとした登山靴にロングスパッツ、ゴアテックスのジャンパーやオーバーズボンといった服装、ピッケルを持った本格的な登山装備の大野たちと比べると、県警山岳救助隊員の服装は貧弱だった。雪崩遭難の救助というのにシャベルもゾンデも持たず、ピッケルさえ持っていない。友人たちは県警救助隊に頼りなさを覚えてしまった。愛媛県で起きた雪崩遭難は一九六八年二月以来二十九年振りのことで、デブリに埋まる遭難者を捜索したことのある隊員はそこには一人もいなかっただろう。雪崩現場に救助隊員たちを案内した大野が、「ここにデブリがあります」と言

斜度40度ほどのガレ沢をトラバースする登山道付近から全層雪崩が発生した。笹原に覆われている笹ヶ峰の北斜面。右上の森の中に赤い屋根の丸山荘がある

うと、「これがデブリですか」と答えたほどだ。

雪崩は頂上付近の沢筋のガレ場最上部、斜度四十度の急斜面を、登山道がトラバースする所から発生し、笹原の沢筋に沿って流れていた。雪崩の幅は三〇～五〇メートル、長さは四〇〇～五〇〇メートルもあり、台地の下、昔のスキー場付近までデブリが到達していた。沢筋の直径一〇～二〇センチの灌木が高さ一メートル付近ですっぱりと切れていて、雪崩の猛烈な衝撃力そのものを示している。まるで飛行機が灌木をぶった切って通り過ぎたような跡だった。そして雪崩が流れた跡の地表は露出していた。デブリ末端では、ときどき沢筋の上部から乾いた音を立ててナイフ状の氷の破片が落ちてきた。

シャベルを手にした友人たちと山岳救助隊員は、山田の姿をデブリ末端付近で捜す。救助隊員が一人、二次雪崩の発生を見張るために沢筋の上部へ登っていった。丸山荘の管理人、伊藤がマツの木の根元で、デブリに埋もれた山田のジャンパーを見つけシャベルで掘り出しているとき、山岳救助隊員の「見つかったぞー」という大声が聞こえた。デブリから現われていた山田の右手を発見したのだ。

デブリ末端から一〇〇メートル上部、斜度十度ほどの緩斜面に山田は埋もれてい

笹ヶ峰の北斜面。雪崩は頂上直下付近で発生し、右斜め下へ流れる沢筋を走り、デブリ末端は黒い森の中にあるスキーコース跡まで達した

た。山岳救助隊員たちがデブリを掘ると、頭を谷側にして上向きに倒れている山田がデブリの下三〇センチから現われた。左手を胸に乗せ、右手は空を指差し、右に向けた真っ黒な日焼けした顔、少し開いた口からは今にも笑みがこぼれてきそうだった。鼻にも目にも氷が付着して、顔全体が氷に包まれている。友人たちが「謙さん、謙さん」と叫んでも、山田は起きてはくれなかった。山田を掘り出すと、足は複雑骨折し激しく出血していた。真っ白な雪の中に山田が流した血が流れ、頭髪が散らばっている。

二日間デブリに埋もれていた山田の体は凍っていた。空を指差す右手を胸元に置こうとするなら、腕の骨を折らなければならない。凍ったままの体勢の山田を担架に乗せて、丸山荘へと搬送した。丸山荘の〝お母さん〟が、山田の顔を両手で包み、「こんなに冷たくなってしまって……」と号泣する。「目を覚まして」、「早く起きて」と叫んでも、凍りついた山田は応えない。視界の晴れ間をぬって飛来した消防防災ヘリに吊り上げられ、自ら「冬眠」と呼んだ笹ヶ峰で永遠の眠りについた山田謙は、北へ向かって飛び去ったのだった。

その年の五月六日、山田謙が着氷を観測していた反射板は、吉野川と瀬戸内海側の発電所を結ぶ光ファイバーケーブルが敷設されたことにより、笹ヶ峰山頂から撤去された。

記録的な大雪

一月六日～八日、愛媛県は大雪が降った。当然、笹ヶ峰にも多量の降雪があったはずだ。愛媛で最も寒さが厳しくなるのは旧正月の二月上旬であるから、南国四国としては、冬のかなり早い時期の降雪と言えるだろう。このときに笹が雪の重みでいっぺんに倒れてしまい、全層雪崩の起きやすい状況になったと思われる。冬の初めに大雪に見舞われたこの冬、四国の山は積雪が多かった。山田が観測に入った後のまとまった降雪は、一月二十七日から二月二日の一週間の六〇センチである。二月二日から、雪崩が発生した前日の十日まではまったく雪が降っていない。四国沖を低気圧が通り過ぎ、大荒れの天気となった十一日には、笹ヶ峰で約二〇センチの降雪があった。しかも山田の観測によれば、風速毎秒二二～三〇メートルの北西の強風が吹いているので、雪の吹き払いと吹き溜りが激しかったに違いない。雪崩が発生した北斜面では、北西風によって雪が吹き払われ、沢筋では吹き溜りが生じていただろう。

地面の温度は零度C以下に下がることはなく、凍らない。そのため積雪は、ゆっくりとした速度で下方へと滑っている。斜面全体の積雪がゆっくり下方へ移動しながら引っ張られるために、亀裂（クラック）が生じる。山田が笹ヶ峰山頂南斜面や周辺の山々で観察している通りである。亀裂は吹雪の影響を受け、雪に埋まることもある。時間が経過すれば、積雪が下方へ滑るために再び亀裂が見られるようになる。亀裂が広がる、亀裂が埋まる、広がる、埋まるといった現象の果てに全層雪崩が発生する。

山田が、一日に三回行なっていた気象観測の記録が残っている。

二月九日昼ごろから十日午後までは快晴になり、気温も三度Cまで上昇しているが、十日朝には晴天のために放射冷却の冷え込みがあって、気温は氷点下六度Cまで下がった。このとき積雪表面に弱層になる「表面霜」が形成されただろうが、この程度の冷え込みではさほど表面霜は発達しないし、十一日の強風で吹き払われてしまう。一方、雪崩の発生する二日前から、南からの暖気の流入があって気温は上昇している。九日正午は三度C、十日正午は零度C、いずれも天気は快晴だから日

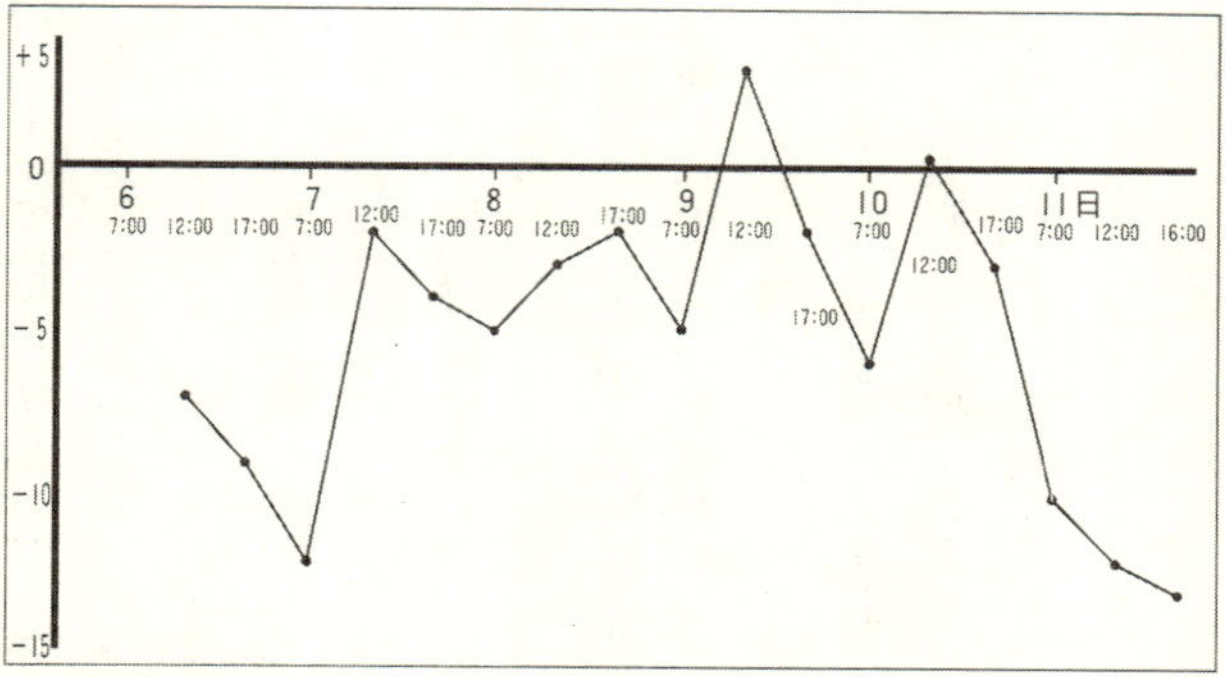

笹ヶ峰の気温変化

月　日	7時の気温	7時の天気	12時の気温	12時の天気	17時の気温	17時の天気
2月6日			−7	晴れ	−9	曇り
7日	−12	曇り	−2	曇り	−4	曇り
8日	−5	曇り	−3	快晴	−2	曇り
9日	−5	晴れ	＋3	快晴	−2	快晴
10日	−6	快晴	0	快晴	−3	曇り
11日	−10	雪	−12	雪	−13（16時）	雪（16時）

笹ヶ峰山頂の天気と気温変化　山田が、1997年2月6日から11日まで、1日3回行なっていた気象観測の記録。2月9日から10日にかけて、顕著に気温が高かった

射によって積雪は暖められ、さらに高温になる。雪は融解し、解けた水が地面付近まで浸透したと思われる。厳冬期の二月に雪が解け、地表にまで水が浸透するのは南国四国ならではの現象だ。十一日朝には気温が氷点下十度Cにまで下がっているが、雪は断熱性が高いため積雪の下層までは温度は下がらない。

斜度四十度、急なルンゼ最上部をトラバースする登山道付近には全層雪崩が発生する条件が整っていた。そこに山田が足を踏み入れたために、この全層雪崩は発生したと推測される。

亀裂などの全層雪崩の前兆現象があったと思われるが、二月十一日の吹雪のために隠されていた可能性が高い。いつもは雪崩の危険を避け、自分で見つけた最短ルートを通る山田が、無警戒に危険な登山道をトラバースしたのだろう。

気象と着氷現象の観測をしていた山田はたしかに雪崩にも関心を示していたが、積雪断面観察や弱層テストを行なって雪を観測することまではやらない。北斜面の斜度四十度という急斜面のルンゼをトラバースする登山道周辺で、全層雪崩の前兆現象に気がついていたならば、きっと山田は登山道を下るルートを選択しなかっただろう。なぜなら、登山道をまったく通らない丸山荘と笹ヶ峰頂上の最短となる直

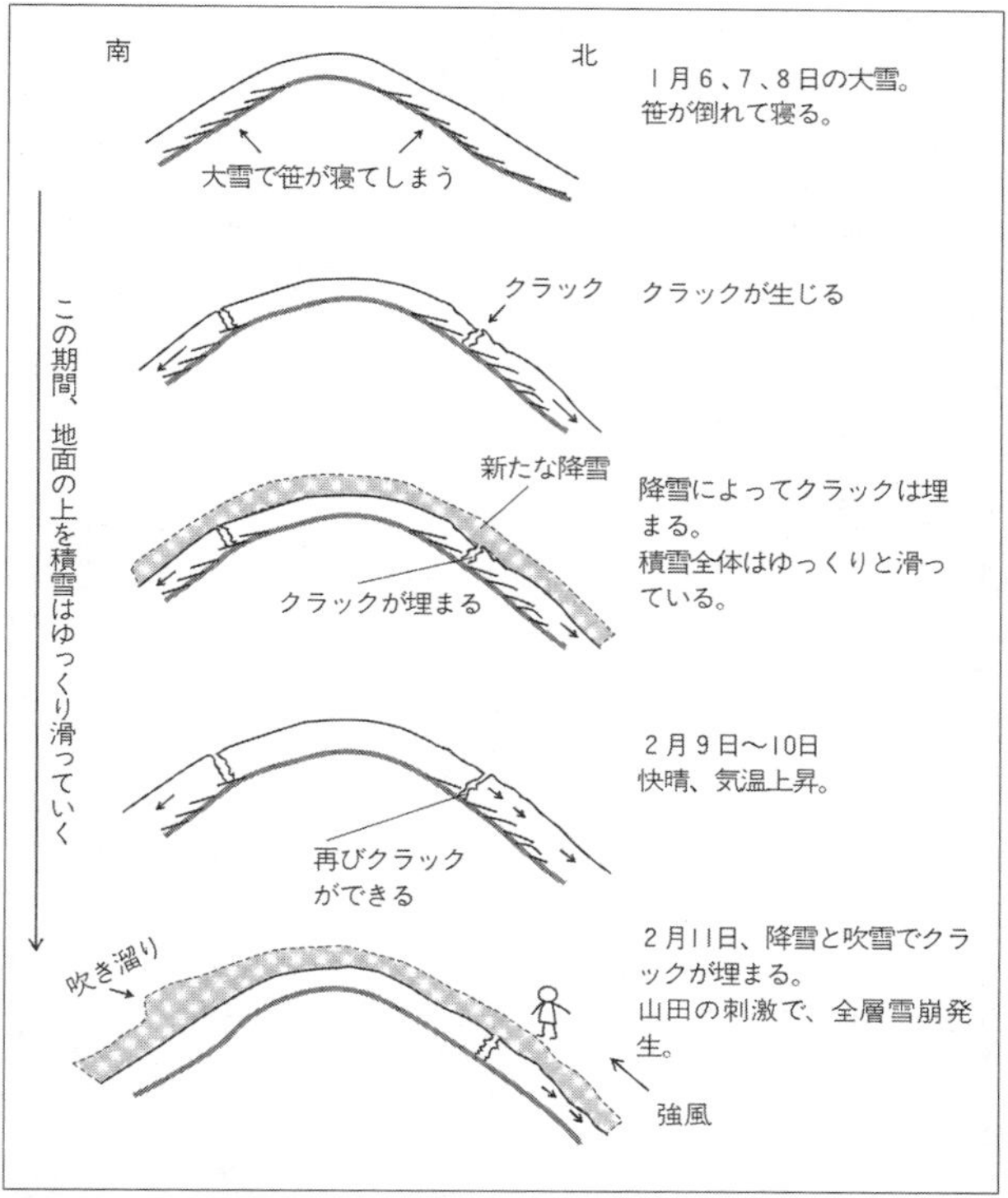

笹ヶ峰全層雪崩発生への模式図　1月6日〜8日の大雪で、笹が一気に倒れ、全層雪崩が起きやすい条件が整い、11日、山田の刺激で全層雪崩が起きた

登ルートをふだんは使っていたからだ。そのルートは、雪崩の危険を避けることができて安全だと山田は大野に教え、一月二十一日の山頂への荷上げのとき一緒に登っている。山田はこの直登ルートをいつも使っていたのである。

一般の登山者は、冬の直登ルートのことを知らず、登山道を登り下りしている。山田を訪ねて来る友人たちのために、二月八日、彼はわざわざ山頂から登山道を下って、丸山荘までラッセルをしてトレースをつけた。雪崩について知識の乏しい四国の登山者は、登山道が積雪におおわれる冬季には危険になると想像できない。雪崩の知識に乏しい南国愛媛の登山者が犯す過ちが、笹ヶ峰でも起きていると言えるのではないだろうか。

二十年間にわたって四国の山々を登山してきた経験があり、冬の笹ヶ峰にも頻繁に登っているある登山者は、「あんななだらかな笹ヶ峰で雪崩が起きるとは思ってもみなかった」と言う。しかし、事故の翌年の二月十一日、友人たちが追悼登山を行なったところ、山田が雪崩に遭遇した笹原の沢筋で再びデブリの跡を見つけたのである。

山田が遭遇した雪崩は、石鎚山系で発生する典型的な全層雪崩であった。冒頭に引用した愛媛大学の山内浩教授が指摘する「樹木のない笹原が危険。夏山では快適な登山道だが、冬は最も危険な道。冬山での山腹トラバースは避けて、尾根筋を通る」など、ことごとく一致している。

一人テントに泊まって観測を続けた山田が、こんな言葉を残している。

「観測作業は続けることに価値があると本で読みました。千日に一回、三千日に一回、起きるかもしれない現象。それに出合うには続けるしかないのです」

山田謙はめったに起きない雪崩という現象に遭遇し、二度と目覚めることのない冬眠に入ってしまったのだ。

石鎚山系・石鎚山　二〇〇一年二月十四日

山岳救助隊員の冬季訓練

「そんな装備では石鎚山に登れませんよ。アイゼンやピッケルが必要です」と、愛媛県警山岳救助隊員が、石鎚山の表登山口である成就社で、本州からやって来た軽装備の登山者に下山を勧告することがしばしばある。

本州の登山者は南国四国の山には雪が降らない、雪がないと思うのだろうが、石鎚山には厳冬期、一五〇～二〇〇センチの積雪があり、四月下旬から五月上旬の連休のころでも山頂周辺に雪はたくさん残っている。修験道の霊峰である石鎚山は、西日本の最高峰、そして日本百名山のひとつ。最近は百名山ブームとあって、地元だけでなく全国から登山者が急増している。

石鎚山系や赤石山系といった山岳地帯を抱えている愛媛県警では、一九六三年に山岳救助隊を発足させた。山岳救助隊員に指定されている警察官は三十九名（二〇〇二年四月現在)。救助隊本隊を機動隊に置き、県内三警察署に支隊を配備している。技術指導官の新田優(五十五歳)は、山岳救助隊のキャリアは三十四年と愛媛県警で最も長く、登山経験が一番豊富だ。警察官たる者、上司から「山岳救助隊隊員に任命する」との命令が下れば、登山とは無縁な人生を送ってきたとしても登山訓練を受け、ひとたび事故が発生すれば遭難者の救助に出動しなければならない。小西博樹(仮名・三十七歳)は山岳救助隊員になってすでに十年、短い任期で入れ替わる隊員が多いなか、古参隊員の一人になった。小西もほかの隊員と同じように登山などしたこともなく、高校、大学と剣道一筋にやってきており、剣道七段、警察官の剣道全国大会出場十三回を誇る剣の達人だった。

山岳救助隊では隊員を招集して夏と冬に各一度、二泊三日の救助訓練を行ない、本隊や各支隊は月に一、二回の日帰り登山訓練を行なっている。小西は富山県立山にある文部省登山研修所の研修に三回も参加して、雪上訓練を経験し、積雪期の救助経験豊富な富山県警山岳警備隊隊員らから経験談を聞くことも多かった。山岳救助隊隊員となって十年、雪上での行動にも慣れ、自分なりに山に対しての自信を持てるようになっていた。

二〇〇一年二月十四日、県内各警察署から山岳救助隊隊員三十一名が招集されて、恒例の冬季山岳救助訓練が石鎚山で始まった。この訓練には警察だけでなく、石鎚山スカイラインがある面河村を管轄する上浮穴消防組合の救助隊員も参加していた。石鎚山ロープウェー山頂成就社駅に降り立った隊員たちは、石鎚神社の成就社にある山小屋に泊まり、石鎚山北壁周辺で雪上歩行訓練、滑落停止訓練、負傷者の搬送訓練を三日間かけて行なうのだ。

訓練初日の十四日午前九時、成就社（標高一四〇〇メートル）の気温は氷点下七・五度C、いつもより少し冷えていた。二日前から降り続いていた雪はやみ、天気は曇り、視界を五〇メートルほどに悪くしているガスが、風速七、八メートルの北西風に吹き払われ流れていく。新雪が二〇センチほど積もっただろうか。この天候では、訓練初日に予定していた愛媛県消防防災ヘリと連携した負傷者の搬送訓練はできない。技術指導官の新田は、北壁基部、標高一七〇〇メートル付近にある二ノ鎖小屋周辺での雪上訓練に予定を変更することにした。成就社で訓練開始式を行なった隊員たちは、山門をくぐって八丁坂を一列に隊列を整えて登り、ジグザグの急な登山道を交代してラッセルしながら前社森へと到着した。成就社の積雪は例年

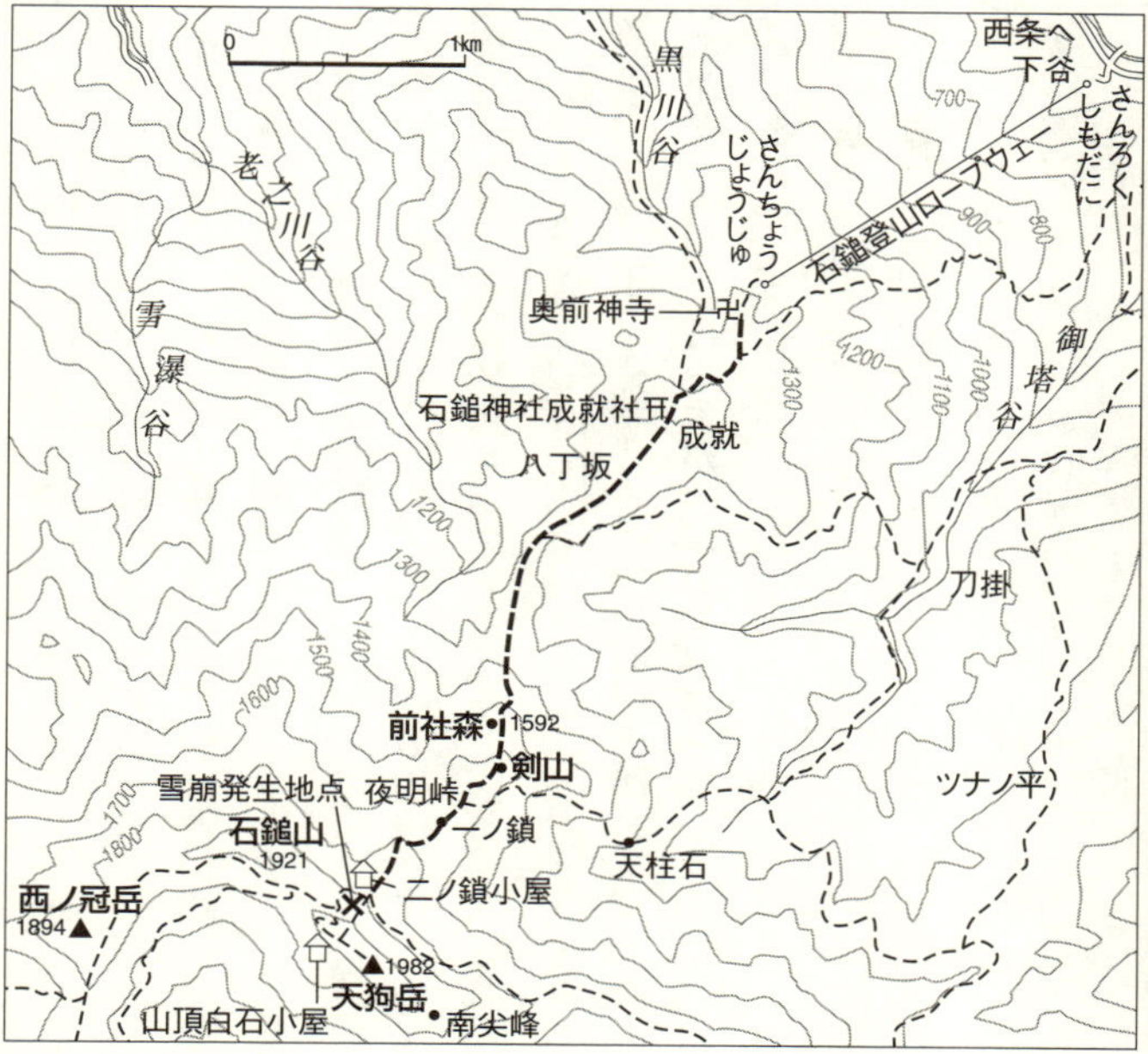
0
1km
黒川谷
西条へ
下谷
700
さんろく
しもだに
さんちょう
じょうじゅ
石鎚登山ロープウェー
老之川谷
900
800
雪瀑谷
奥前神寺
御塔谷
1200
1300
1100
1000
石鎚神社成就社
成就
八丁坂
1200
1300
刀掛
1400
1500
1600
前社森
1592
剣山
雪崩発生地点
夜明峠
ツナノ平
1700
一ノ鎖
1800
石鎚山
1921
天柱石
二ノ鎖小屋
西ノ冠岳
1894
1982
天狗岳
山頂白石小屋
南尖峰

並みの一メートル、標高が高くなるにつれて積雪が増えたが、ラッセルは膝が埋まる程度だった。先行者のトレースはないものの、急登続きの登山道がはっきり分かる。任期が短く入れ替わりの速い山岳救助隊の半数は登山経験がなく、積雪期の山が初めての者たちだ。新人隊員にとっては、一メートルを越える積雪を見るのも、ラッセルをして歩くのも初めての体験となった。

夜明峠から急斜面を登りきって「一ノ鎖」上部の稜線に出た山岳救助隊員たちは、緩やかな尾根筋をたどって二ノ鎖小屋に到着した。天気がよければ石鎚山北壁の広がりのある大岩壁が見渡せるはずなのに、ガスに包まれ何も見えない。登山道はこの先、「二ノ鎖」、「三ノ鎖」が架かる二つの岩場を越えていくが、西側には巻き道がついている北壁の西側には幾本かのルンゼが走っており、二ノ鎖小屋に一番近いルンゼを毎年、滑落停止訓練に使っていた。

まず小屋前の広場で新人隊員たちにアイゼンやピッケル、カラビナといった装備、ハーネスの着け方、安全を確保するためのザイルセットの方法といった基礎的な解説を行なった。天気が良ければ二ノ鎖小屋から四〇~五〇メートル離れた岩壁基部がよく見えるのだが、ガスのために見えなかったため、新田は小西たち七名にルンゼ上部、岩壁基部に生じる積雪の亀裂（クラック）の有無とルンゼの雪質の確認をしてくるように命じた。そこは毎年、滑落停止訓練とスノーボートに負傷者を乗せての搬送訓練を行なう場所なのだ。樹木がほとんど生えていないルンゼを登山道がトラバースしている付近の斜度は約三十度、岩壁基部で約四十度という急峻な地形だ。このルンゼでは毎年三月下旬になると、岩壁基部に亀裂が生じて全層雪崩が発生することを、新田はよく知っていた。このルンゼに限らず石鎚山北壁の西側斜面では、三月下旬から四月上旬になれば全層雪崩が次々に自然発生して雪が落ちていくのだ。

新田は成就社から二ノ鎖小屋までのラッセルの感じから「雪は締まって安定している」と判断していたし、雪崩の危険を判断する上でいつも目安にしている「一ノ鎖」下の急斜面の積雪も悪くはなかった。しかも今は二月の中旬で、岩壁基部に亀裂が生じるには時期が早すぎるとも思っていた。だから、部下である山岳救助隊隊員たちをルンゼに入れるとき、弱層テストを毎年行なっているにもかかわらず、弱層テストをしようとは思わなかったのだ。雪を踏みしめる体がとらえた感覚だけを信じ、ルンゼへの〝慣れ〟が弱層テストする気をなくさせた。「亀裂がなく、雪質が安定し滑落停止訓練ができるなら、ルンゼ上部に生えている一本の大きな木にザイルをセットせよ」と新田は、小西たち七名に命じたのだった。

雪崩発生

ルンゼをトラバースする登山道の手前に二名、向こう側に二名の隊員が見張りにつき、小西ら三名が横一列になってルンゼを登り出した。急斜面のルンゼは登山道と様相を異にして雪が深かった。ツボ足で登る小西は胸まで埋まりながら、ピッケルを両手に構えて雪をかき分けながらラッセルしていた。三名の中央を登っていた小西のスピードが一番速く、両脇の二人が少し遅れ出したとき、腰あたりに〝ズン〟と重さを感じた。「あれっ」と思った小西は、あたりを見回したが何も異変はなかった。午後二時前のことだった。再び両手に持ったピッケルを構えて登り出すと、腰で感じた〝ズン〟といった重みより、ずっと強い衝撃を今度は胸で感じた。後ろに押されまいと前のめりになって踏ん張ろうとした瞬間、上方から雪が落ちてきて目の前が真っ白になり倒された。

「これが雪崩か」

後方に倒れた小西は宙返りしてしまい、隣にいた隊員をアイゼンで蹴飛ばした衝撃を感じた。「ケガをさせた、すまない。大丈夫か」と思うが、彼はルンゼを猛スピードで落ちていく。両手で構えていたピッケルを雪面に打ち込み、滑落停止体勢をとって止めようとした。しかし、小西が打ち込んだ雪面は雪崩が発生して流れ落ちているのだ。ピッケルをいくら思いっきり打ち込んでも、小西は止まることができない。また、ピッケルを打ち込んだ。

「止まれ、止まれ。止めるしかないんだ」

と必死になっている小西は、上下左右どちらに頭が向いているのか、体が雪崩の中でどんな状態になっているのか、まったく分からないままに流されていた。灌木が次々に体に当たる衝撃を感じた。足を打ち、腰を打ち、顔面を強打し、ヘルメットは吹っ飛んでしまった。顔面を強打した衝撃で意識が薄れ、「もうダメかな」とあきらめの気持ちになりかけた。

そのとき小西が両手に握りしめていたピッケルが「ガツン」と灌木の小枝に当たった衝撃を感じた。小西はとっさに反応して、竹刀をさばくようにピッケルを灌木に引っ掛けると、滑落停止の体勢をとった。猛烈なスピードで雪崩落ちる雪が小西の体をもっていこうとする。灌木に引っ掛けたピッケルにすがりつき暴れ回り、必死になって雪崩に抵抗した。うつ伏せの状態だった体がいつのまにか上向きになり、頭を山側にして灌木にぶら下がるような体勢で落下をまぬがれた体の上を雪が流れ、口にも目にも鼻にも耳にも、穴という穴に雪が入り込んできた。

雪の流れが収まると、全身が埋まってしまった。呼吸することができない小西は苦しく、もがき暴れた。するとポッと顔の上のデブリに穴があいたので息を吸い込んだ。口の中いっぱいに入り込んだ雪を飲み込んでしまい、激しく咳き込んでむせ返したが、「助かった。助かった……」と思った。

呼吸が楽になった彼は、両手で顔と胸のあたりの雪をかき分けると、上体を起こした。目のあたりからバァーと血が滴り落ち、雪が真っ赤に染まっていく。雪で冷やして血を止めた小西が周りを見回すと、誰もいないし、人の声もしない。「かなり下まで流されている。どこまで落ちたんだろう。誰かが探してくれるのを待つしかない」と思い、デブリに埋まった体を自分で掘り出しにかかった。

救出

小西ら三隊員が雪崩に流された、という叫び声を聞いた新田は、「岩壁基部まで行って亀裂を確認したうえで弱層テストをする」という、いつもなら自分がする行動をとらなかったことを悔い、「隊員にすまないことをした」と思った。しかし、今は悔いるより隊員の救出が先決問題だ。岩壁の基部にあった雪崩の破断面は厚さ三〇センチ、幅一〇メートル、新雪の層が雪崩れていた。新雪の下にはざらめ雪のような層があったというが、誰も雪質を正確に観察できていない。破断面から登山道までの距離は約二五メートル、登山道周辺にデブリが溜って雪面が盛り上がっているものの、そこから下は滑落停止訓練を行なった跡程度の狭い幅でしかデブリは流れていなかった。一人が滑り落ちた小川が流れたような痕跡に、「これが本当に雪崩かな」と思うほどだ。二名の隊員は埋没をまぬがれ登山道付近で止まっており、雪崩に流され姿が消えたのは小西一人だ。新田には、「流されたのがベテランの小西でよかった。彼ならなんとかしているのではないか」という期待感があった。

二次雪崩を恐れた新田は、隊員たちをルンゼ周辺に見張り要員として配置につけ、ザイルで確保した四隊員に登山道周辺のデブリをゾンデ捜索させた。デブリの量は少なかったので短時間でゾンデ捜索は終わり、小西が埋没していないことが分かった。ガスがたちこめ視界は二〇〜三〇メートル、ザイルで確保された新田ら四名が、小西の名前を叫びながら雪崩の跡に沿って下降していく。そして二ピッチ目の下降をしていくと、灌木帯で小西が座り込んでいるのを見つけた。彼は破断面から九〇メートル流されていたのだ。ここで停止しなかったら灌木帯の下は傾斜がきつくなっているため、谷底へと滑落していったに違いない。ぎりぎりの所で小西は止まっていたのだった。

声をかけると、小西の意識ははっきりしている。血がにじんでいる小西の顔を調べると、目の周辺が切れ、腫れがあり、霞んだようにしか目が見えないという。灌木で顔面を強打したときにコンタクトレンズで眼球に傷をつけたのか気がかりだ。ほかに外傷はなく、打撲した足が痛くて動かせないだけだった。午後二時四十分、スノーボートに収容すると、救助隊員たちはザイルを使って登山道まで小西を引き上げた。

松山空港を離陸した愛媛県の消防防災ヘリが現場に飛来する。ガスが時折、薄くなり視界がよくなるので、ヘリは上空で降下のチャンスをうかがった。午後三時四

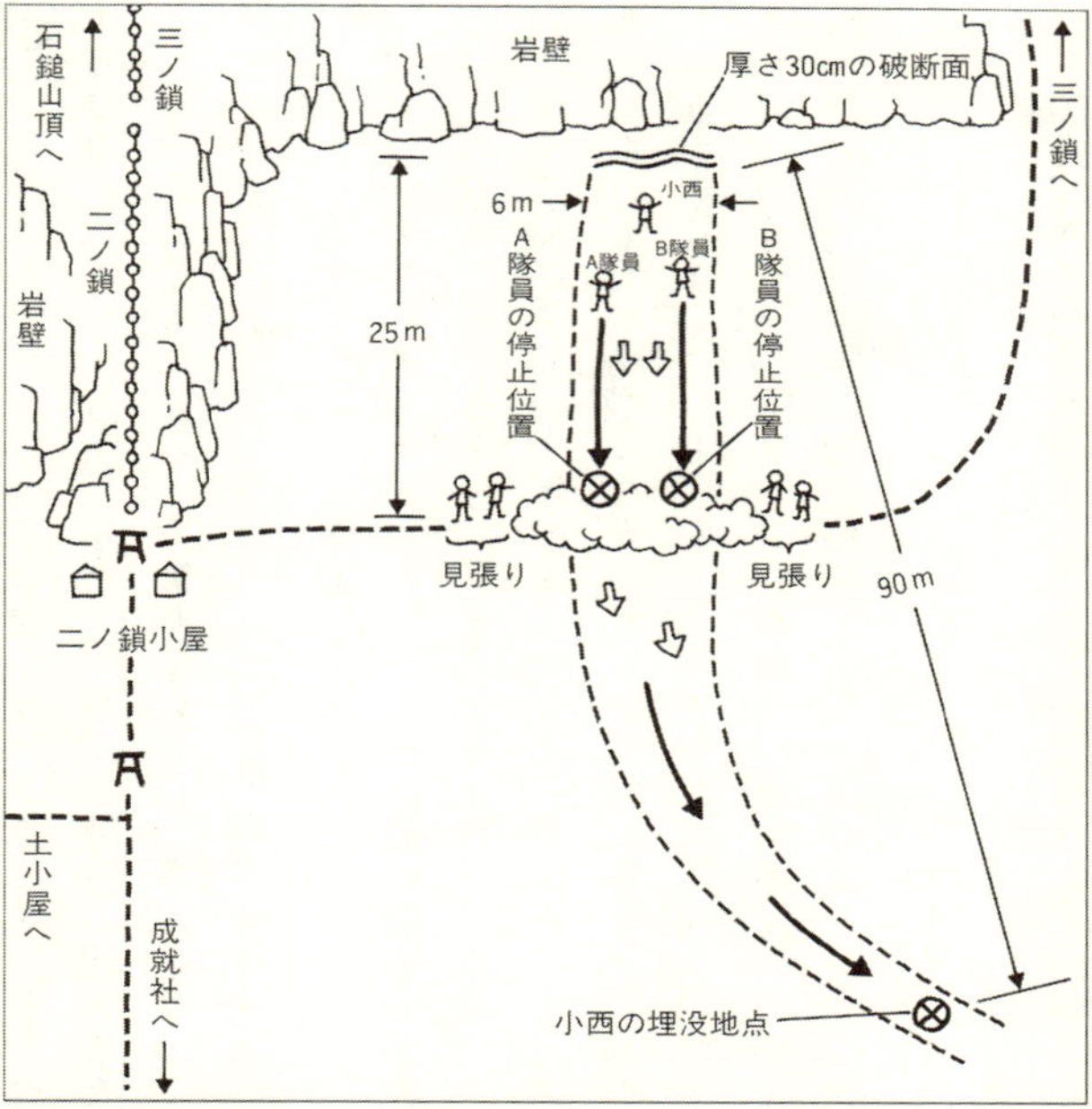

石鎚山雪崩現場略図　二ノ鎖小屋から4、50メートル離れた岩壁基部で、雪崩が発生、小西は90メートル流されて埋没してしまった

十三分、二ノ鎖小屋下にある県警へリポートにホバリングしたヘリからホイストが下ろされ、小西が吊り上げられた。小西を機内に収容した愛媛県消防防災ヘリは、三十分で松山空港に着陸、待機していた救急車に乗り移って病院へと搬送された。そして夕刻、「眼球に異常なし。顔面の擦過傷と体の打撲の軽傷」との報告が新田にもたらされた。

愛媛県で発生した雪崩遭難は、一九四三年三月、石鎚山で一名死亡、一九六八年二月、石鎚山で四名が死亡、一九九七年二月、笹ヶ峰で一名が死亡した三件しかない。雪崩遭難の少ない地域である県警山岳救助隊の雪崩捜索装備は、ゾンデ十本と各隊に配備している数本のシャベルだけだ。もし小西が雪崩に埋没していたら、もし雪崩の規模がもっと大きかったら短時間に発見救出できただろうか。予算がないため装備できない雪崩ビーコンをほしいと、新田はあらためて思ったのだ。そして残る二日間、愛媛県警山岳救助隊の冬季訓練は、石鎚山北壁周辺で予定通り行なわれた。

石鎚山雪崩事故の教訓として、次のようなことが考えられるだろう。

①「雪崩は起きない」と思っていた所で雪崩は起きる。
②弱層テストを省略しない。
③雪崩ビーコンを使う。
④雪と雪崩の科学的知識を身につける。

「二ノ鎖小屋に至るまでの雪を踏みしめる体がとらえた感覚だけを信じ、ルンゼへの〝慣れ〟が弱層テストをする気をなくさせた」わけであるが、訓練場所である急峻なルンゼでの弱層テストを省略すべきではなかった。積雪の状況は場所によって微妙に異なり、雪崩が発生した二ノ鎖小屋付近のルンゼと、技能指導官新田が目安にした斜面は同じではない。やはり弱層テストをすべきだったと言える。弱層テストをしたうえで隊員をルンゼに入れる場合、より安全な方法をとるなら隊員をザイルで確保して登らせればよいだろう。

この雪崩で流された小西は自力脱出ができた。もし埋没していたならば、雪崩ビーコンを身につけていないため発見に時間を要したことだろう。訓練とはいえ、雪崩の危険が存在する場所で行動するわけだから雪崩ビーコンは必要といえる。積雪期の遭難救助活動における隊員の安全確保を図るためにも必要な装備である。積雪期の山岳遭難事故件数が少ない地域だけに、限られた予算内でどこまで装備するのかは難しい問題ではあると思うけれど……。

雪と縁遠い生活をしている地域の人々には難しいことだが、雪と雪崩の科学的知識をもっと学んでほしい。「雪質はどのようなものでしたか」と問うても、「ざらめ雪のようでした」との回答しか返ってこない。弱層テストをするときに、スノーゲージとルーペを使い、雪を観察してほしい。『決定版雪崩学』では、弱層やさまざまな雪質の写真を掲載して解説しているが、やはり自分の目で実物を見て理解することが大切だ。雪崩の危険を回避するには、雪と雪崩を科学的に見なければならないのである。

ところで、弱層テストを行なえば愛媛県警山岳救助隊は雪崩に遭遇しなかったのかと問われると、答えははなはだ難しい。雪崩を回避できたかもしれないし、回避できなかったかもしれない。弱層テストは雪崩を回避できる決定的な対策ではないからだ。だからといって、煩雑で余計な対策と軽視すべきでもない。

弱層テストの目的は、弱層の確認と積雪の安定度を評価するためだ。これらのことは積雪の表面を見るだけでは理解できず、雪を掘り、積雪の内部構造を調べない限り分からない。トップがラッセルをしている間に、後方で新田式ハンドテストをやってみる。四〇~五〇センチ程度の深さのテストなら、数十秒で行なえる。シャベルを使ってきちんと行なう弱層テストと併用すれば、より多くの雪の情報を正確に得られる。科学的な眼で雪を見て、積雪の内部構造を知り、雪崩予知に役立つより多くの情報を得るために、複数の弱層テスト方法を活用することを提案したい。

初版あとがき

雪崩に流された人、雪崩に埋まった人、雪崩で仲間を失った人、さまざまな雪崩遭難体験者をインタビューして気がついたことがいくつかある。

「雪崩が起きるとは思わなかった」

「そこで雪崩が起きたことがない」

この言葉のいずれかを必ず口にする。雪山で経験してきたこと、自分が見てきたことだけを信じる人は、「そこで雪崩が起きたことがない」という理由で、雪崩の危険を予知することができなくなり、雪と雪崩の知識が乏しい人は、「雪崩が起きるとは思わなかった」と、雪崩の危険を予知できず感じない。

この二つの言葉を私たちは禁句にすべきだ。

雪崩遭難者は雪と雪崩の科学的知識が乏しく、科学的な眼で雪を見ていないことにも気がついた。「弱層はどんな雪質でしたか?」と問うても、まず答えは返ってこない。雪を観察していないうえに、科学的に雪を理解していないからだ。やみくもに雪山の経験を豊かにしても、雪と雪崩のことを理解できるわけがなく、科学的な知識に裏づけられた眼で雪を見ることが、二つの言葉を禁句にするために必要だと強く感じた。そのためには「雪崩教育」が、いっそう重要になってくる。

雪崩に流されて泳ぐ努力をした人は、間違いなく深く埋まることを回避できている。しかし、実行できるかどうかは難しく、剱岳早月尾根のような雪崩なら泳ぐことなど不可能だ。さらには、雪崩が発生した瞬間、反射的行動によって助かった人もいる。経験を積むことの重要性も、また認識させられた。とにかく登山経験を豊富にする、雪崩に流されても巧みに体をコントロールできる滑りの上級者になること、生存の可能性を高めるために必要なことの一つだと分かった。

私たちは、「雪崩から命を守る」ための科学的知識とレスキュー技術を啓蒙するために、北海道雪崩事故防止研究会を設立して活動を続け、『最新雪崩学入門』、『決定版雪崩学』を刊行した。雪崩によって死亡する人の数はほかの災害に比べて決して多くはないが、「雪崩の脅威」ほど、雪山に入る登山者を悩ませる危険はない。「雪崩に遭わないためにどうするか」、「雪崩に遭ったらどうするか」を考えるヒントを得るために、この本を読んでいただきたい。

「生き残った者は、その負い目から多くを語ることができず、それがかえって客観的に事故を分析し、再発防止をする妨げになっている」、「少しでも事故を防ぐ情報を提供するために役に立ちたい」、このような心情から雪崩遭難で仲間を失った人、救助にかかわった人から話を聞くことができた。これら多くの人々の協力がなければ、この本を書くことはできなかった。

二〇〇二年秋、遺体収容のためにミニャ・コンガ（中国四川省）に登り、私の眼前から消えていった八人の岳友たちのおびただしい数の骨と肉片を拾った。目を背けたくなるような現実、それが遭難事故のほんとうの姿だ。

「なぜ、彼らはこのような姿になってしまったのか」

この問いを忘れてはならず、「好きな山で死んだのだから」と、岳友の死を受け入れる気持ちに私はなれない。すべての人が山から生きて還ることが、私の強い願いなのだ。

編集者である神長幹雄氏は原稿を待ちながら、ミニャ・コンガに行ってしまった私を、どんな気持ちで見送ったことか。彼の緻密な仕事ぶりと力添えがなければ、この本の誕生もなかったと思う。
取材に協力してくれた皆さん、ほんとうにありがとうございました。

阿部幹雄

二〇〇二年十二月二十五日

文庫の追記　雪崩で死ぬ人は、いなくならない

雪崩対策用の装備がいくら進歩したところで、雪崩で死ぬ人はいなくならないだろう。

日本で雪崩トランシーバー（旧称雪崩ビーコン）が販売されるようになったのは一九九一年冬。一本アンテナのアナログタイプ「オルトボックス f1 focus」が登場した。次々と各メーカーの雪崩トランシーバーが販売されるようになり、アンテナは一本から二本になり、今では三本アンテナのデジタルビーコンの時代に変わった。もはやアナログの雪崩トランシーバーは使うべきではないだろう。

三本アンテナのデジタルビーコンは埋没者の数、距離と方向などを表示。発信電波の遮断ができるマーキング機能など、性能の進歩は著しい。加えて使いやすさが格段に進歩。一時間くらいの練習で使いこなせるようになる。性能の飛躍的な進歩は雪崩トランシーバーの使用法に革命をもたらし、新時代を迎えている。

二〇一五年十二月、マニュエル・ゲンシュワイン氏（スイス）を札幌に招き「雪崩サ

ーチ&レスキュー講習会」を開催した。彼の教える雪崩トランシーバーの捜索方法は、世界最先端、まもなく国際的な山岳団体で認証され「世界基準」になるものだ。今、日本で行なわれている雪崩教育の内容は時代遅れになったと強い衝撃を受けた。

発信電波を捉え接近していく「エアポートアプローチ」、至近距離に複数の雪崩トランシーバーが埋まっているのを探す「メンタルマップ」、「マイクロサーチストリップス」など、今までとはまったく違った概念、発想に基づく捜索方法だった。エンジニアとして雪崩トランシーバー開発に携わり、さまざまなメーカーの雪崩トランシーバーの性能テストを行なっているマニュエル・ゲンシュワイン氏。機械工学や電子工学に基づいた緻密で合理的かつ斬新、雪崩埋没者捜索の経験に裏打ちされた捜索方法は、〝目から鱗が落ちる〟ものだった。

シャベルの変化も著しい。樹脂製のシャベルは姿を消した。雪崩埋没者を捜索する。積雪にピットを掘り、雪質を観察する。そのために使用するシャベルは、金属製のブレード、平面的な形状が主流になり、非常に多くの種類が販売されるようになった。わずか数種類のシャベルしか販売されていなかった一九九〇年代初頭とは、比較にならない。

雪崩トランシーバーの捜索には、プローブが必要だ。雪崩トランシーバーを装着していない埋没者の捜索にもプローブがなくてはならない。深さを知るためのメモリが付き、組み立てや分解方法が工夫されている。

今、雪崩埋没者を掘り出す方法は、「V字シャベリング」である。この「V字シャベリング」を考案したのが、マニュエル・ゲンシュワイン氏。直接、彼から「V字シャベリング」を学んだが、スイスやヨーロッパ各国で経験された雪崩埋没者の掘り出しから考案された方法は、実に合理的で効率が良い。如何にして人の命を救うのかという強い意志が秘められているのが、「V字シャベリング」だと理解でき、納得した。

このように雪崩トランシーバー、シャベル、プローブ、「三種の神器」と呼ばれる雪崩対策装備は著しく進歩した。

装備が進歩したから、雪崩で死ぬ人はいなくなったのか。現実は逆だろう。依然として雪崩トランシーバー、シャベル、プローブを持たないで雪山を登り、滑る人が絶えない。二〇〇七年十一月、北海道十勝連峰、化け物岩雪崩で死亡した日本山岳会北海道支部パーティは、雪崩トランシーバーを携行しておらず四人が死亡した。二〇一六年三月、北海道羊蹄山で死亡したスキーヤーは、雪崩トランシーバーを携行していなかったため、北海道警察山岳救助隊、陸上自衛隊の隊員五十名が、発見に三日間も要した。私は、愕然とする。昨冬、旭岳でロープウェーを利用してバックカントリーを滑る人たちを見ていると、外国人は全員、雪崩トランシーバーを携行していたが、日本人には携行していない人がとても多かった。

装備が進歩したところで、その装備を持たなければどうしようもないし、雪崩に埋まった人を一〇〇パーセント生存救出することは困難なのだ。

科学が進歩し、雪や雪崩の発生メカニズムが解明され、雪崩予測の精度が高まっても雪崩で死ぬ人はいなくならないだろう。

実験装置が進歩、「しもざらめ」形成のメカニズムもますます解明されてきた。研究者たちの努力により、観測データの広がりと蓄積が進み、コンピューターを利用した雪崩予測は実用レベルに到達しつつある。積雪の雪質変化を予測して雪崩発生の危険度を知ることができる。しかし、科学で自然を一〇〇パーセント解明することは、不可能だと私は思う。自然のことをひとつ理解すれば、いくつかの分からないことが現われてくるものだ。自然は複雑で、奥が深く、人間は自然のすべての真理を解き明かせない。

だから科学がいくら進歩しても、雪崩で死ぬ人はいなくならない。

いくら山岳救助態勢が進歩しても雪崩で死ぬ人はいなくならないだろう。富山、長野、岐阜、北海道といった雪崩遭難多発地域の警察の航空隊、山岳救助隊は著しく進歩、発展した。消防の防災航空隊の山岳遭難救助能力も向上した。高齢化が進んだとはいえ、雪崩多発地帯、例えば北海道ニセコとか長野県白馬の山岳遭難救助態勢は、進歩したと思う。

しかし、雪崩で死ぬ人はなくならない。

人間は過ちを犯す。

雪崩遭難事例を調査すればするほど、新しい人間の過ちに気づかされる。遭難の教訓は、ときに忘れ去られ、無視される。しかし、雪崩事例の教訓ほど事故防止に役立つものはない。

北大で学び、山とスキーに親しんだ福沢卓也（故人、当時北大低温研助手）、樋口和生（第五十七次南極観測隊越冬隊長、国立極地研究所、山岳ガイド）、そして私の三人は一九九一年、雪崩事故防止研究会（旧称、北海道雪崩事故防止研究会）を設立した。私たちは雪崩から、人々の命を守りたいと願っていた。そのために日本の登山界の常識を変革したかったのだ。「雪崩に巻き込まれたら助かるわけがない」、「捜索は遺体探しだ」といわれていたからだ。

あれから二十五年。雪崩トランシーバー、シャベル、プローブを持って雪山へ行くことは常識になり、コンパニオンレスキューが行なえるようになった。生存救出の可能性が高まったと思う。「弱層」や「弱層テスト」、「低体温症」も常識的な言葉になった。

しかし、雪崩で死ぬ人はなくならない。二十九人の隊員を率い、南極の昭和基地で一年四ヶ月間の越冬をしている樋口和生が言う。「私の最大のミッションは、全員をきちんと家族のもとへ帰すことだ」。

雪山に登るあなた、雪山を滑るあなたの最大のミッションとは何か。私は〝雪山から生きて還ること〟が、あなたの最大のミッションだと思う。頂に立つこと、新雪にシュプールを刻むことが、あなたの最大のミッションではないはずだ。

生きて還るというミッションを果たすため、雪崩事例に学び、雪崩遭難を起こさないでほしい。この『ドキュメント雪崩遭難』が、〝生きて還る〟という最大のミッションを実現するために役立ってほしい。それが私の願いである。

人間の犯す過ちは、風化することがない。

二〇一六年十月

阿部幹雄

＊本書は二〇〇三年二月五日に山と溪谷社より刊行された『ドキュメント　雪崩遭難』を文庫版にあらためたものです。
＊文中の山小屋や団体、地方自治体の名称、個人の役職などは当時のままとし、必要な場合は注記しました。

ドキュメント　雪崩遭難

二〇一六年十一月三十日　初版第一刷発行

著　者　阿部幹雄
発行人　川崎深雪
発行所　株式会社　山と溪谷社
郵便番号　一〇一－〇〇五一
東京都千代田区神田神保町一丁目一〇五番地
http://www.yamakei.co.jp/
■商品に関するお問合せ先
山と溪谷社カスタマーセンター
電話　〇三－六八三七－五〇一八
■書店・取次様からのお問合せ先
山と溪谷社受注センター
電話　〇三－六七四四－一九一九
ファクス　〇三－六七四四－一九二七

デザイン　岡本一宣デザイン事務所
地図製作　株式会社千秋社
印刷・製本　株式会社暁印刷

＊乱丁・落丁などの不良品は送料小社負担でお取り替えいたします。
＊定価はカバーに表示してあります。

Printed in Japan ISBN978-4-635-04827-9